Natur und Askese. Eine Poetik

Fröhliche Wissenschaft 209

DE NATURA IX

Herausgegeben von Frank Fehrenbach

Cornelia Zumbusch

Natur und Askese
Eine Poetik

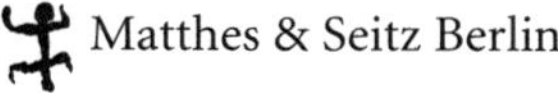

Die Konjunktur der Natur in gegenwärtigen Debatten ist erstaunlich. Als Oppositionsbegriff zur menschlichen Kultur hat Natur schon aus zwei Gründen ausgedient. Einmal wegen des Scheiterns traditioneller dualistischer Ansätze als Konsequenz der modernen Naturwissenschaften, die den Menschen ohne Rest als Teil der Natur definieren. Zum anderen wegen der ungeheuren zivilisatorischen Dynamik, die auf, weit über und zunehmend auch unter der Erdoberfläche keine vom Menschen unberührten Residuen des Natürlichen erlaubt. Inwiefern lässt sich also auch heute noch »über Natur« sprechen? Die Bände der Reihe DE NATURA versammeln Antworten aus unterschiedlichen Disziplinen.

Inhalt

Allein in der Wildnis

Ende April 1992 erreicht der 23-jährige Christopher McCandless nach gut zwei Jahren der ziellosen Reise durch die USA, Mexico und Kanada den Rand des Denali-Nationalparks in Alaska, wo er, mit nichts als einer Jagdflinte, einem Buch über die Flora Alaskas und einem Sack Reis ausgerüstet, 113 Tage überlebt. Ende August finden ihn Freizeitjäger verhungert in einem ausrangierten Bus. Der Journalist und Autor Jon Krakauer rekonstruiert in seinem Buch *Into the Wild* Vorgeschichte und Verlauf dieser knapp vier Monate in der Wildnis und vergleicht McCandless' Alaska-Abenteuer mit anderen Aussteigerexistenzen und einsamen Extremerfahrungen. Krakauers Recherchen kreisen um die Frage nach dem Warum: Erlebnishunger? Kritik am Materialismus des elterlichen Mittelstandsmilieus? Eine Sozialpathologie? Oder doch nur sportlicher Ehrgeiz? Antworten verspricht er sich von den Lesespuren in den Büchern, die McCandless hinterlassen hat. In seinem Exemplar von Henry David Thoreaus *Walden* hat er die Stelle unterstrichen: »Chastity is the flowering of man; and what are called Genius, Heroism, Holiness, and the like, are but various fruits which succeeded it«.[1] Mit dem Bild vom naturgesetzlichen Blühen und Früchtetragen entwirft Thoreau paradoxerweise ein recht exklusives Entwicklungsideal: Zu Genie, Held oder Heiligem werden sich wohl die wenigsten qualifizieren. Krakauer bringt dieses Lob der Keuschheit und der Zurückhaltung versuchsweise auf den Begriff der Askese.

Am 4. Juli 1846 geht der 28-jährige Henry David Thoreau in den Wald bei Concord in Massachusetts und lebt dort knapp zwei Jahre am Ufer des Walden Pond. Sieben Jahre später publiziert er einen Text, den die literaturwissenschaftliche Rezeption zu einem Gründungsdokument des *Nature Writing* erklärt hat. Thoreau erprobt in seiner Walden-Erfahrung, die er auch als Walden-Experiment bezeichnet, das einfache Leben in einer selbstgebauten Hütte. Er berichtet von der Bohnenzucht und der Fischerei, von den jahreszeitlichen Veränderungen des Walds und des Sees, vom Umgang mit Büchern und von Gesprächen, von Zufallsbegegnungen im Wald und Besuchern aus der Stadt, denn Thoreau lebt zwar in programmatischer Abkehr, keineswegs aber außerhalb der Reichweite von Eisenbahn und Zeitungen. Der rastlosen Mobilität und Kommunikationssucht der beginnenden Moderne gilt seine Verachtung, dem See und dem umgebenden Wald seine Bewunderung. Das Genre des *Nature Writing*, so hat man es in Lektüren von *Walden* gesehen, verdankt sich dieser Kritik an der aufziehenden Moderne, auf die man mit einer neuen Aufmerksamkeit für die Natur reagiert.

Genau besehen widmet Thoreau seine Beschreibung vom Leben in den Wäldern aber nur zum kleineren Teil der eingehenden Beobachtung der Natur. Mindestens ebenso viel Raum nimmt das ein, was er selbst eine praktische Philosophie nennt. Er wolle, so schreibt er, ein Philosoph sein, der das Problem des Lebens nicht nur theoretisch, sondern praktisch zu lösen versuche. Diese philosophische Praxis soll ihn in den Stand versetzen, »a life of simplicity, independence, magnanimity, and trust«[2] zu führen. Mit Einfachheit, Unabhängigkeit, Großherzigkeit und Vertrauen unterstellt er sein Leben im Wald einem ungewöhnlich weiten ethischen Imperativ. Die besondere ethische Dimension des Thoreau'schen Experiments ist in den kritischen Würdigungen durchaus benannt worden. Sein Freund und Mentor Ralph Waldo Emerson etwa spricht in seinem Nachruf auf Thoreau von dessen Interesse an einer besonderen »art of living«.[3] Die Regeln einer solchen Lebenskunst, ihre ideengeschichtlichen Wurzeln und textuellen Verästelungen, vor allem aber ihr Zusammenhang mit der programmatischen Zuwendung zur Natur wurden hingegen kaum weiterverfolgt.

Interessanter schien es aus der Sicht des Ecocriticism, in *Walden* das frühe Dokument des Naturschutzgedankens zu sehen. Der Naturschützer Thoreau, so hat etwa Lawrence Buell gezeigt, löst sich vom sakralisierenden Naturverhältnis seines Mentoren Ralph Waldo Emerson und widmet sein Schreiben der immer exakteren Naturbeobachtung. Die Auffassung vom *Nature Writing* als einem schriftgewordenen Residuum subjektiver Naturerfahrung, das sich an den amerikanischen Traum der ›Wildnis‹ im Zeichen ihres Verschwindens hefte, kann hier anschließen.[4] Der Konsens scheint zu lauten, dass die im Wald und in der Wildnis gesuchte Naturerfahrung mit der zweckrationalen Verwertung und Ausbeutung der Natur nichts zu tun haben möchte und sich deshalb einer wissenschaftlich gesättigten oder aber ästhetisch-künstlerischen Erfassung der Natur widmet. Dies ist beileibe nicht falsch, ebenso richtig ist aber auch: Thoreau unterzieht sich selbst einem Experiment, bei dem die Natur nicht den Gegenstand, sondern vielmehr das Labor bildet.

Experimentiert wird mit einem Selbst, dem probeweise kulturelle Annehmlichkeiten entzogen werden, um zu einem ebenso einfachen wie gelungenen Lebensstil zu finden. So gefasst steht Thoreaus *Walden* in der Tradition eines auf *askesis* gerichteten Schreibens, einer Ethopoetik, wie Michel Foucault sie an antiken Texten untersucht hat. Tagebuch (*hypomnemata*) und Korrespondenz ersetzen dem alleine lebenden Asketen das Gespräch und lassen sich als »Übung seiner selbst durch sich selbst« verstehen.[5] Auch Thoreaus *Walden* verdankt sich einer auf das Selbst gerichteten Schreibübung. Denn Thoreau verhilft in seinen Aufzeichnungen keineswegs nur der Natur zur Sprache, sondern formuliert Regeln eines von steter Arbeit an sich selbst geprägten Lebens. Die Tendenz, Naturerscheinungen immer wieder in allegorische Bilder menschlicher Existenz zu überführen, ist dabei nicht zu übersehen. Sei es die auf dem Boden gefundene Schlangenhaut, die Metamorphose des Schmetterlings oder der anbrechende Tag – alle Wunder der Natur mahnen den Beobachter, sich um seine Seele zu sorgen und zu einer gesteigerten Selbstwahrnehmung zu gelangen: »we must learn to reawaken and keep ourselves awake«.[6] Das Leben in der Natur wie das Schreiben darüber sind Mittel der Übung, der *askesis*.

Rückt man den Aspekt der Askese in den Vordergrund, dann ist Thoreaus Entscheidung, der Gesellschaft für einen gewissen Zeitraum den Rücken zu kehren, weder singulär noch genuin modern. Die Argumente für ein Leben in Einfachheit und Einsamkeit, jenseits der Städte mit ihrem Luxus und losen Sitten, außerhalb der politischen Gemeinschaft mit ihren Ämtern und Aufgaben, haben bereits die antiken Stoiker gesammelt und in Traktaten und Trostbriefen dargelegt. In christlichen Zeiten haben Scharen von Anachoreten und Eremiten den Gang in die Wildnis des Waldes oder der Wüste angetreten. Ihre Geschichten sind in Berichten und Legenden überliefert; erzählt, niedergeschrieben und verbreitet wurden sie meist von denen, die sie besucht oder zumindest von ihnen gehört oder gelesen haben. Einsiedlerfiguren faszinieren seit jeher: Warum verlässt man sein Haus und lässt alles zurück, was man besitzt? Warum geht man vor die Tore der Stadt und tritt aus der Gemeinschaft der *chora* aus?

Im christlichen Kontext suchen Eremiten in der Einsamkeit der menschenfernen und sogar menschenfeindlichen Natur nach Gott. Die frühchristlichen Wüstenväter bieten hier das anschaulichste Beispiel. Der Gang in die Natur ist der Erfahrung eines Jenseits gewidmet, die sich an die Gleichgültigkeit gegenüber der eigenen Körperlichkeit knüpft. Hier hätte die von McCandless unterstrichene Keuschheit ihren Ort. In der Tradition der Kyniker hingegen zielen Rückzug und Beschränkung, wie sie im Tonnenbewohner Diogenes einprägsam überliefert worden sind, auf das gute Leben im Diesseits. Man beschränkt den geselligen Umgang und verzichtet auf materiellen Besitz, um autark zu werden, verspricht doch erst die Selbstgenügsamkeit die wahre, zur Glückseligkeit (*eudaimonia*) führende Freiheit. Auf diese Unabhängigkeit von äußeren Gegebenheiten zielt die asketische Übung, der man sich abseits der Gesellschaft unterzieht.[7] Die in verschiedenen Kulturen über Jahrhunderte hinweg entfalteten Askeselehren enthalten unterschiedliche und vor allem unterschiedlich radikale Anleitungen zum Affektmanagement wie auch zu besonderen Körperpraktiken, sie argumentieren für die Vorteile der Besitzlosigkeit ebenso wie für die Vorzüge eines Lebens ohne familiäre und soziale Beziehungen, sie wägen ein Leben der Kontemplation gegen ein tätiges Leben in politischer Verantwortung und Arbeit für das Gemeinwohl ab. Sie zielen dabei auf eine Freiheit, die sich als Loslösung von Triebansprüchen und Bedürfnissen, von Dingen wie von Menschen, von Institutionen oder Zivilisationstechniken erreichen lassen soll. Differenzierungen mit Blick auf Regularien und Ziele asketischen Verzichtens sind also nötig, um die Konturen der jeweiligen Projekte eines Lebens in der Natur zu schärfen.

Thoreaus *Walden*, jener Grundtext eines alternativen Naturverhältnisses, verbindet widersprüchliche Varianten der Askese. Einerseits entwirft er die Arbeit an sich selbst als eine Arbeit gegen die eigene Natur: »Nature is hard to overcome, but she must be overcome«,[8] so lautet eine puritanisch gefärbte Selbstermahnung. Andererseits spielt er christliche Beschränkungen gegen fernöstliche Versionen praktischer Spiritualität aus. Denn wo es die christliche Moral versäume, zum richtigen Umgang mit der Leiblichkeit anzuleiten, lehren die hinduistischen Veden, den eigenen Körper wie ein Kunstwerk zu bearbeiten: »We are all sculptors and painters, and our material is our own flesh and blood and bones«.[9] Ein plastischeres Bild ließe sich für die Praxis dessen, was man heute im Anschluss an die antike Ethik gerne wieder Lebenskunst nennt, kaum finden. In dem viel zitierten, bei einem Ortsbesuch am Walden Pond auf einer Holztafel zu begutachtenden Passus aus *Walden* erklärt Thoreau sein Unternehmen in Sätzen, die um das gute Leben im antiken Sinn kreisen:

> I went to the woods because I wished to live deliberately, to front only the essential facts of life, and see if I could not learn what it had to teach, and not, when I came to die, discover that I had not lived. I did not wish to live what was not life, living is so dear; nor did I wish to practice resignation, unless it was quite necessary. I wanted to live deep and suck out all the marrow of life, to live so sturdily and Spartan-Like as to put to rout all that was not life.[10]

Das unbedingte Bekenntnis zu einem Leben, das nicht das biologische Faktum des Lebendigen, sondern das bewusst geführte Leben meint, ist zunächst offensichtlich. Im Detail gibt diese Suche nach dem richtigen Leben aber Rätsel auf: Was hat die Lust an der Fülle eines Lebens, das bis auf das Mark auszusaugen sei, mit der anschließend aufgerufenen spartanischen Abhärtung zu tun? Wie vertragen sich Intensität und Beschränkung, Glück und Verzicht? Und noch allgemeiner gefragt: Wie lässt sich Natur als dasjenige, was ohne Zutun des Menschen entsteht, mit Askese als einer Form, die der Einzelne seinem Leben gibt, überhaupt ins Verhältnis setzen?

Wo naturgemäßes Leben (*kata physin*; *secundum naturam*) in der antiken Philosophie hieß, die Natur der Menschen zum Richtwert der Ethik zu nehmen, hatte die christliche Askese die Transzendierung eben dieser Natur im Sinn.[11] Während sich die asketischen Vorgaben in der Antike deshalb an Grundbedürfnissen orientierten, die nicht unterschritten werden sollten, konnte christliche Askese im Fasten und in der Selbstkasteiung in eine Maßlosigkeit des Maßhaltens umschlagen. An einigen wenigen, leicht zu überlesenden Stellen findet sich in der lateinischen Stoa schon eine Verbindung von Hinwendung zur inneren wie zur äußeren Natur: »Also lebe ich entsprechend der Natur, wenn ich ganz mich an sie hingebe, wenn ich ihr Bewunderer und Verehrer bin«, schreibt Seneca in *Über die Muße*.[12] Thoreau stellt der antiken Orientierung an der menschlichen Natur wie auch ihrer christlichen Negation ebendiese Variante zur Seite. Denn das bewusste Leben (»to live deliberately«) – und nebenbei auch das bewusste Lesen (»to read deliberately«) – hat sein Maß in der äußeren Natur: »to spend one day as deliberately as nature«.[13] Das asketische Leben will also Regeln folgen, die der Natur selbst abgehorcht werden können: »to make my life of equal simplicity, and I may say innocence, with Nature herself«.[14] Sein Leben in Einfachheit und, so wird vorsichtig ergänzt, in Unschuld, will den in der Natur zu beobachtenden Regularien folgen. Enger lassen sich Natur- und Selbstbeobachtung kaum verbinden.

In den letzten Jahren ist eine Reihe von Texten erschienen, die vom einfachen und einsamen Leben in der Natur berichten. Neben Rechercheromanen wie Michael Finkels *The Stranger in the Woods. The Extraordinary Story of the Last True Hermit* (2017) oder *Der Mann im Wald. Wie ich mein Leben hinter mir ließ* von Wolfgang Ködel und Sabine Eichhorst (2016) findet sich hier auch der aufwändig gestaltete Bildband *Leben in der Wildnis: Begegnungen mit Aussteigern* (2012) des französischen Fotografen und Reisejournalisten Éric Valli, der autarke Lebensprojekte in den

USA aufsucht. Der diaristischen Form des *Nature Writing* folgen Tagebücher oder ins Buchformat gebrachte Blogeinträge, die in literarisch mehr oder weniger ambitionierter Form von zeitlich begrenzten Experimenten berichten, darunter Sylvain Tessons *In den Wäldern Sibiriens. Tagebuch aus der Einsamkeit* (2015), Andrea Hjelskovs *Wir hier draußen. Eine Familie zieht in den Wald* (2016), Miriam Lancewoods *Woman in the Wilderness* (2017) oder Wolfgang Büschers *Heimkehr* (2020).[15] Diese Erzählungen vom Rückzug in die Natur erinnern an Lebensreformprojekte um 1900 oder Hippieexistenzen der 1970er Jahre, auch wenn sich deren Wunschenergie eher auf die Erprobung neuer Formen der Gemeinschaftlichkeit als auf Eremitentum gerichtet hatte.[16] Auch speist sich das gegenwärtige Unbehagen an der Kultur nicht nur aus dem Affekt gegen modernistische Technikfixierung und staatliche Überregulierung, sondern ebenso aus der Wahrnehmung einer ökologischen Krise von ungekannten Ausmaßen.

Sylvain Tesson verbringt sechs Monate in einer einsamen Hütte am Baikalsee, um hier ein letztes Mal einige immer knapper werdende Ressourcen zu nutzen: »Die Kälte, die Stille und die Einsamkeit – diese Zustände werden in Zukunft teurer als Gold gehandelt werden. Auf einer übervölkerten, überhitzten, lärmenden Erde ist eine Waldhütte das Eldorado«.[17] Der Gang in den Wald kann zum Teil eines Überlebensprogramms werden. Man müsse ›skills‹ ausbilden, um bereit zu sein, wenn der Zusammenbruch kommt – deshalb lernt Miriam Lancewood im neuseeländischen Hochgebirge, mit Pfeil und Bogen zu jagen. Oder man will die Kinder darauf vorbereiten, »klarzukommen, wenn das alles zusammen[bricht], das Finanzsystem, das Sozialsystem, das Klima, wenn die Gesellschaft zusammen[bricht]«.[18] Aus diesem Grund zieht Andrea Hjelskov mit ihren Kindern in den nordschwedischen Wald, nachdem sie Kleider und Möbel verschenkt, Geld und Ausweise verbrannt hat. Hier sind die *Survival* und *Doomsday Prepper*-Kulturen nicht weit.

Es liegt nahe, in asketischen Lehren das ideale Manual für eine Verzichtskultur zu sehen, die den letzten Versuch einer Rettung der Natur darstellt. Spätestens seit dem Bericht des Club of Rome, *The Limits to Growth* (1972), kreisen ökologische Debatten um die Frage, ob es für eine wachsende Weltbevölkerung ein nachhaltiges Leben ohne Verzicht geben kann. Bieten asketische Naturverhältnisse also Orientierung im gegenwärtigen Schleudergang zwischen Apokalyptik und Reform? Weisen sie einen Weg zwischen den theatralischen Performanzen im Zeichen von *Extinction Rebellion* (alles wird bald zu Ende sein) und der besänftigenden Rhetorik eines *Green Capita-*

lism (wir können so weiter machen, wenn wir nur die richtigen Energiequellen nutzen)? Axel Michaels, Experte für fernöstliche Weisheitslehren, hat eine solche Aktualisierung der Askese als »Ökoaskese« mit größter Verve abgewiesen.[19] Seine Polemik richtet sich gegen den zweifelhaften Naturbegriff der *Deep Ecology*, in der eine verklärte, als harmonisches Gleichgewicht gedachte Natur zur neuen Religion geworden sei. Gleichwohl schließt Michaels mit einem Plädoyer für die besonnene Sorge um sich, die er in das Modewort der »Achtsamkeit« übersetzt.[20] Nun verdichten sich auch abseits religiös überhöhter Naturvorstellungen die Zeichen, dass angesichts der Endlichkeit des ›einen Planeten‹ die langfristige Reduktion menschlichen Verbrauchs natürlicher Ressourcen nicht zu vermeiden sein wird – und das ganz unabhängig davon, ob sich die einzelnen Konsumenten rechtzeitig ein dazu passendes ethisches Mindset zurechtgelegt haben werden.[21] Umgekehrt ist die von Michaels hochgehaltene Selbstsorge im Bereich der Ratgeberliteratur und in den dazugehörigen Konsumwelten längst angekommen.

Minimalismus und Achtsamkeit, ›weniger ist mehr‹, oder ›bewusst leben‹ sind nur einige Schlagworte, die von der Verwandlung asketischer Lebenslehren in vermarktbaren Lifestyle zeugen. Dies betrifft auch die Träume von einem autarken

Leben in der Wildnis. Die Website *offgridliving.net* etwa besetzt jenes Schlagwort der in den USA verbreiteten Bewegung eines selbstgenügsamen Lebens in der Natur, um energieautarke Fertighäuser zu vertreiben; *offgridtrailers.com* wirbt mit einem Filmclip, in dem ein geländegängiger Wagen mit angehängtem Wohnwagen eine nordamerikanische Waldwildnis mit Felsen und Wildwasser durchquert. Der Trailer bietet eine Kühleinheit, einen verchromten Gasherd und eine Duschvorrichtung, geschlafen wird auf dem Dach. Zuletzt wird der Slogan eingeblendet: »Escape Civilization. Wake Up In The Wild«. Der Ausstieg aus den kapitalistischen Steigerungslogiken ist schon längst mit leistungsfähigen Produkten versorgt und an die entsprechenden Bildwelten angeschlossen worden.

Im Folgenden wird kein Plädoyer für asketische Lebensregeln gehalten. Statt Askese zum Programm einer Rettung der Natur zu machen, soll gezeigt werden, in welch grundsätzlicher Weise subjektive Naturerfahrungen, von denen man sich die Korrektur einer rein zweckrationalen Sicht auf die Natur erhofft, im weiteren Sinn asketisch motiviert und damit primär auf das gelingende Leben des Einzelnen gerichtet sind. Naturbeobachtung und Selbstbeobachtung, Abwendung von der Kultur im Zeichen einer gesteigerten *cultura sui* – diesen Zusammenhang gilt es genauer zu inspizieren. Denn hier liegt womöglich die Krux der gerne als ›modern‹ bezeichneten Natursehnsucht. Was bedeutet es für gesellschaftliche Naturverhältnisse, wenn es eine gute und richtige Form des Naturbezugs nur für diejenigen gibt, die sich bewusst von der Gesellschaft entfernt haben? Kollidieren ethische Programme, die nur die eigene Lebensführung und nicht die Regeln des Zusammenlebens betreffen, nicht notwendig mit einer politischen, letztlich ein globales Gemeinwesen betreffenden Ökologie? Und wie vorbildlich können Lebensentwürfe sein, die sich nicht als Regel, sondern als Ausnahmen begreifen? Diese Fragen treiben dazu an, gegenwärtige wie ältere Allianzen zwischen Naturerfahrung und asketischen Lebensweisen genauer zu beleuchten.

Denn in der aktuellen Faszination für das einsame und einfache Leben in der Natur hallt eine lang zurückreichende europäische Denk- und Erzähltradition nach, in der sich Natur- und Selbsterfahrung längst verbunden haben. Francesco Petrarcas *De vita solitaria* oder Jean-Jacques Rousseaus *Les rêveries d'un promeneur solitaire*, Ludwig Tiecks frühes Gedicht und späte Novelle *Waldeinsamkeit,* die über Ralph Waldo Emersons Gedicht *Waldeinsamkeit* die Wälder bei Concord in Massachusetts erreichen, Adalbert Stifters Walderzählungen, Edward Abbeys *Desert Solitaire* bis hin zu

Marion Poschmanns Roman *Die Kieferninseln* lassen sich als Texte lesen, in denen Entwürfe eines reduzierten, auf unterschiedliche Weise der Natur gemäßen Lebens beobachtet und auf die Probe gestellt, in ihren utopischen Potenzialen gewürdigt, aber auch in ihren pathologischen Abgründen ausgeleuchtet werden. Die Textauswahl, so eklektizistisch sie scheinen mag, blendet exemplarische Herausforderungen literarisch geformter Naturverhältnisse auf. Sie zeigt Literatur zwar durchaus als subjektive Ausdrucksform, vor allem nimmt sie literarische Texte als Medium einer Beobachtung ernst, die nicht ›die Natur‹ verhandelt, sondern vielfältige Weisen vorführt, sich auf Natur zu beziehen. So lässt sich an diesen Texten darauf hinweisen, was bei Verbindungen von Natur und Askese auf dem Spiel steht: für die Einzelnen und ihre Wünsche nach einem guten Leben, für die Natur als Sehnsuchtsort jenseits der Kultur oder als Übungsplatz der gesteigerten *cultura sui*, vor allem aber für die Literatur, die in dieser Natur gelesen und geschrieben werden soll. Die hier versammelten Lektüren werden sich deshalb auch nicht zu einer Lebenslehre, sondern zu einer Poetik fügen.

Im geschlossenen Tal: Petrarcas *vita solitaria*

Francesco Petrarca war kein Eremit im damaligen Verständnis des Worts. Dennoch ist sein Haus in Fontaine-de-Vaucluse in der Provence, in dem er zwischen 1337 und 1353 kürzere und längere Phasen verbrachte, ein abgeschiedener Ort. Im geschlossenen Tal (*vau-cluse, vallis clausus*) erprobt Petrarca den Rückzug aus der Stadt, ihren Geschäften und Intrigen, ihrem Luxus und ihrer Verschwendung. Er sucht eine Einsamkeit, die er viele Jahre später philosophisch zu begründen versucht. Die wohl im Vaucluse verfasste Schrift *De vita solitaria* liegt in einer 1366 erstellten Abschrift und in einer 1371 erweiterten Version vor. Diese Schrift über das einsame Leben ist auch deshalb einen genaueren Blick wert, weil ihr Autor zugleich als einer der ersten Exponenten eines neuzeitlichen Naturverständnisses gilt. Diesen Ruf hat sich Petrarca durch seinen Bericht von der Besteigung des Mont Ventoux erworben. Was meist unter diesem Titel, *Die Besteigung des Mont Ventoux*, behandelt wird, gehört als Beichtbrief einem ethopoetischen Genre *par excellence* an.

In einem Brief an seinen Beichtvater Francesco Dionigi, datiert auf den 24. April 1336, berichtet Petrarca davon, wie er gemeinsam mit seinem Bruder den nahe am Vaucluse liegenden Mont Ventoux bestiegen habe. Von einer intensiven Naturerfahrung, die Petrarca hier womöglich gemacht hat, ist im Text allerdings nicht viel zu spüren. Die Anregung, man könne einen Berg besteigen, entnimmt Petrarca geografisch-militärischen Erschließungsprojekten, von denen er in Livius' Geschichte Roms gelesen hat. Die schwierige Besteigung, insbesondere das lange Herumirren auf den falschen Wegen, wird als Gleichnis für die Suchbewegung der Seele lesbar, die sich den Aufstieg zu Gott wünscht, aber nicht gleich wagt. Der kurz beschriebene Gipfelblick richtet sich schließlich erstaunlich wenig auf die umliegende Gegend, sondern evoziert die der Sichtbarkeit entzogenen Grenzen des Landes und den dahinter verborgenen Sehnsuchtsort Italien – denn der in Arezzo geborene Petrarca befindet sich als Sohn eines Papsttreuen in Frankreich im Exil.

Noch auf dem Gipfel nimmt er nun die *Bekenntnisse* des Augustinus zur Hand und lässt das Buch wie betäubt sinken. Denn sein Blick ist auf eine Passage gefallen, die sein Unternehmen in deutlichen Worten verurteilt:

> Und es gehen Menschen hin, zu bewundern die Höhen der Berge und die gewaltigen Fluten des Meeres und das Fließen der breitesten Ströme und des Ozeans Umlauf und die Kreisbahnen der Gestirne – und verlassen dabei sich selbst.[22]

Joachim Ritter hat Petrarcas Text dennoch eine Schlüsselstellung in seiner Entdeckungsgeschichte der Natur als Landschaft zugewiesen. Der Gang auf den Berg sei »getrieben allein durch das Verlangen zu schauen, in freier Betrachtung und Theorie an der ganzen Natur und an Gott teilzuhaben«.[23] Entsprechend zeuge Petrarcas Gipfelblick schon von einer spezifisch modernen, ästhetisch genießenden Betrachtung der Natur, mit der die Entfernung des Menschen von der Natur sentimentalisch kompensiert würde. Nun ist von einer als schmerzhaft empfundenen Trennung zwischen den Menschen und der Natur, die Ritter eigentlich nur mit Texten von Schiller, Hegel und Humboldt sinnvoll belegen kann, bei Petrarca nichts zu erkennen. Zu fest gefügt scheint noch die theologische Rahmung des Erlebnisses, die sich in der allegorischen Gestaltung des Aufstiegs als *ascensus* des Geistes zu Gott ausdrückt.

Bemerkenswert ist aber die Nuance der Umdeutung, mit der Petrarca seine Bergbesteigung gerade im Moment des Augustinus-Schocks in einen Sinnhorizont einzupassen weiß, der nicht nur ein christlich tradierter ist. Die Textregie des zögernden und suchenden Aufstiegs, der in die überraschende Gipfelerkenntnis mündet, ist nach dem Vorbild der Augustinischen *confessiones* als *conversio*, als eine Art Bekehrungserlebnis angelegt. Die Pointe besteht indes darin, dass die suchende Seele in der Doppelbewegung der erprobten Zuwendung und der darauffolgenden umso brüskeren Abwendung von der Natur zuletzt im Blick auf sich selbst ihr Genügen findet: »Dann aber wandte ich, zufrieden, vom Berg genug gesehen zu haben, die inneren Augen auf mich selbst«.[24] Wie Wolfgang Riedel gezeigt hat, ist der im Beichtbrief ungelöste Konflikt auch einer zwischen zwei Texttraditionen, bleibt der augustinischen Abwendung von der Natur doch eine aus der antiken ekphrastischen Literatur gewonnene (Augen-)Lust an der Fernsicht beigeordnet.[25] Erst im mehrfach kodierten Blick in eine literarisch überlieferte Natur wie in ein Buch, das die Seele zu Gott führen soll, gewinnt der Briefschreiber seine Einsicht in die Notwendigkeit eines gesteigerten Selbstbezugs.

Von diesem ästhetisch-ethischen Interesse an seiner Umgebung zehren Petrarcas Überlegungen zur *vita solitaria*. Ihren ersten Auftritt hat die Natur hier als Gleichnis, in dem die *cultura sui*, die Sorge um sich selbst, mit der Pflege des Ackers verglichen wird:

> Wie nämlich ein fruchtbarer Acker voller Unkraut, so ist der menschliche Geist voller Fehler, und wenn diese nicht gründlich ausgerissen werden, wenn beides nicht mit unermüdlicher Sorgfalt und Mühe gereinigt wird, dann sterben die Früchte des einen wie des anderen schon in der Blüte ab.[26]

Natur dient hier als bloße Bildspenderin in einem Gleichnis, das die Notwendigkeit aufzeigen soll, die Natur keinesfalls so zu belassen, wie sie ist, sondern beständig an ihr zu arbeiten. Dann aber können Einsamkeit und Askese, so erfahren wir später, »zu großer geistiger Fruchtbarkeit« führen.[27] Steigerung der Natur durch ihre Reduktion und Reinigung: dies klingt noch in Thoreaus Rede von dem Aufblühen des Menschen in der Askese nach – »the flowering of man« – die McCandless offenbar so eingeleuchtet hat.

Der Blick in die Geschichte lehrt Petrarca, dass eine solche Abgeschiedenheit mal in geschlossenen Räumen, mal in Wäldern oder auf Bergen gesucht worden ist. Während er diese Entscheidung dem Geschmack der einzelnen, ihrer Veranlagung und ihrem Charakter überlassen möchte, macht er seine eigene, auf geistige Ausnahmeexistenzen aber durchaus generalisierbare Präferenz deutlich. Zu geistigen Arbeiten könne eigentlich nur der Gang ins Grüne disponieren, sei Natur doch der

Ort einer Inspiration, ohne welche die »Dichter und Philosophen« nicht auskommen könnten: »Sie müssen ja menschliches Maß überschreiten, wenn sie etwas sagen wollen, was den Menschen transzendiert: Das ist in der freien Natur bisweilen leichter möglich«.[28] Denken und Dichten übersteigt die Norm, ihren Ort haben diese Tätigkeiten deshalb weder unter den Menschen noch in den von Menschen gefertigten Gebäuden, sondern allein in der Natur.

Antike Dichter und Philosophen weiß Petrarca hier auf seiner Seite. Er führt Cicero, Vergil und Plato an, die alle »dichtbelaubte Eichen«, »hohe Pappeln« oder die »wohltuende[] Ruhe eines Zypressenhains« zu schätzen wussten – insbesondere aber, und dies wird bei anderen Autoren wieder begegnen, »das Rauschen des Wassers und eine kleine Insel mitten im Fluß, die der meinen ganz ähnlich ist«.[29] Petrarcas Haus in Fontaine-de-Vaucluse steht direkt am Ufer der Sorgue mit Blick auf eine Insel, an der sich der Fluss verengt und Stromschnellen für eine beachtliche Geräuschkulisse sorgen. Aber auch einer christlichen Autorität wie etwa dem Märtyrer Cyprianus, Bischof von Karthago, kann Petrarca ein kleines Herbarium der Inspiration entnehmen: »Weinstöcke, Reben, Laub, Schilfrohr« habe dieser als essenziell für die eigenen Meditationen erlebt.[30] Zwei Einwände muss Petrarca in seinem Lob des kreativen Lebens in der Natur entkräften. Eine allzu schöne, die Sinne ansprechende Natur könnte, diese Kritik entnimmt Petrarca Briefen des Rhetorikers Quintilian, eher der Zerstreuung als der Sammlung dienen. Dem hat Petrarca zunächst nichts außer der eigenen Vorliebe entgegenzusetzen: Er persönlich habe nun einmal die besten Einfälle aus den Bergen heimgebracht, daraus seien Gedichte geworden, die immer noch nach den Bergwiesen duften, auf denen sie entstanden sind. Und vielleicht, so deutet Petrarca dann noch an, sei ein bloßer Redelehrer wie Quintilian eben nicht im gleichen Maße auf die in und von der Natur aktivierte »schöpferische Kraft« angewiesen wie die Dichter und Philosophen.[31] Damit ist eine für die nachfolgenden Jahrhunderte wegweisende Verbindung zwischen Naturerfahrung und Kreativität gestiftet.

Von der *curiositas*, die Seneca in seinem Traktat *de otio* (Über die Muße) bespricht, ist diese aus den flüchtigen Geräuschen des rauschenden Wassers und raschelnden Laubs gewonnene Inspiration deshalb grundsätzlich unterschieden. Seneca argumentiert in seinen Schriften nicht für die radikale Abwendung von der Fehlform ruhezerstörender politischer Geschäfte (*negotium*), sondern möchte kontemplative Ruhe (*otium*) und tätiges Leben gleichermaßen als Bestimmung des Menschen auffassen: »Wir pflegen zu sagen, das höchste Gut sei, gemäß der Natur zu leben: die Natur hat uns zu beidem geschaffen, zum Betrachten der Dinge und zum Handeln«.[32] Diese Kontemplation der Dinge bleibt zwar zunächst am Schönen und Glänzenden der Erscheinung hängen:

> Einen neugierigen Geist (*ingenium*) hat uns die Natur gegeben und, ihrer Kunst und Schönheit sich bewußt, uns als Zuschauer bei diesem großen Weltenschauspiel geschaffen, in Gefahr, den Lohn ihrer Mühe zu verlieren, wenn sie so Großes, so Herrliches, so fein Gebildetes, so Glänzendes und nicht allein auf eine Weise Schönes der Einsamkeit zeigte.[33]

Das hier angesprochene *ingenium* ist die Gabe, die Schönheit der geschaffenen Natur zu entdecken und zu genießen. Die Natur hat den Menschen mit einem aufrechten Gang, weit umherblickendem Gesicht und vor allem mit der Fähigkeit geschaffen, die Welt zu erkennen: »unsere Sehkraft eröffnet sich einen Weg zum Forschen und legt die Grundlagen für die Wahrheit«.[34] Woher kommen die Sterne? Wie verhalten sich Leichtes und Schweres? Welche Gesetze haben das Verworrene geformt und gegliedert? Die Tatsache, dass Menschen diese Fragen stellen, zeige, dass sie auf der Welt eigentlich nicht zu Hause sind:

als eine Art »Funken« seien die Menschen vom göttlichen Geist abgespalten und »an fremdem Ort haftengeblieben«.[35] Die einsame Betrachtung der Natur bietet für Seneca also die intellektuelle Einsicht in die Ordnung des Kosmos, nicht aber, wie bei Petrarca, eine vom Geruchs- wie Hörsinn angeregte, durch die Luft getragene und entsprechend flüchtige philosophische und poetische Inspiration.

Die Betonung des Schöpferischen durchzieht Petrarcas Überlegungen in auffälliger Weise. Auch im zweiten Buch seiner Schrift über die Einsamkeit, in dem er den Weg der systematischen Argumentation verlässt und unter wiederholten Beteuerungen, genau dies nicht tun zu wollen, eine Geschichte des christlichen Einsiedlerwesens schreibt, sucht Petrarca nach Verbindungen von Naturerfahrung und Kreativität. In rasantem Tempo läuft er hier vorbildliche Eremiten der christlichen Jahrhunderte ab. Ausführlicher kommen die Zitierten immer dort zu Wort, wo sie Petrarcas Liebe zum naturnahen Habitat teilen. Bernardus »pflegte nämlich zu sagen, er habe all sein Wissen, das vielleicht umfangreichste seiner Zeit, in Wäldern und auf dem freien Feld gelernt […] und er habe keine Lehrer gehabt außer Eichen und Buchen«.[36] Dasselbe, so kommentiert Petrarca, gelte auch für ihn selbst. Seine Geschichte des Eremitentums sucht nach Vorbildern eines Rückzugs, der nicht nur aus der Gesellschaft heraus, sondern in die Natur hinein führt. Fern von den Städten haben viele gelebt, aber nur einige, mit einem »schöpferischen Geist« ausgestattete wenige, haben die Natur gesucht.[37] Dies ist der Akzent, den er mit großer Beharrlichkeit setzt.

Auch in einem weiteren Detail entledigt sich Petrarca der Vorgaben, an denen sich Heiligenviten und Legendenliteratur christlicher Provenienz gemeinhin orientieren. Gilt dort das Leben des Eremiten als *imitatio* der vierzig Tage, die Jesus fastend und mit dem Teufel ringend in der Wüste verbracht hat, so lässt Petrarca seine Geschichte des Einsiedlerwesens bei dem ersten Menschen beginnen.[38] Adam habe sich zunächst ja allein im Paradiesgarten befunden, und das unglückliche Ereignis des Sündenfalls geschah erst, als eine Frau dazukam. Auch die Patriarchen und Stammesväter des Alten Testaments, allen voran Abraham, hätten ein zurückgezogenes und bescheidenes Leben außerhalb der Städte und Paläste geführt: Zwiesprache mit Gott hielten sie auf den Bergen, und wenn sie die Tafel mit Engeln teilen durften, dann »auf dem bloßen grasbewachsenen Boden im Freien«.[39] Das Plädoyer für die Abgeschiedenheit in der Natur nimmt hier die Gestalt einer Urgeschichte der Askese an. Dieser bei Petrarca noch recht unauffällige Rekurs auf die biblische Urzeit zeichnet einen Pfad vor, den die modernen Advokaten eines einsamen Rückzugs in die Natur immer breiter austreten werden. Bei Rousseau wird dies in den Spekulationen über den Naturzustand des Menschen zusammengeführt: Der Weg in die Natur entspricht einer Rückwärtsbewegung in der Menschheitsgeschichte.

Eine besondere Herausforderung, der sich die Verteidigung des einsamen Lebens stellen muss, ist der Verstoß gegen die christliche Nächstenliebe und die damit verbundene Tugend des Mitleids. Denn wer sich aus der Gemeinschaft zurückzieht, versäumt es ja, anderen tätig beizustehen. Und hat nicht schon Aristoteles den Menschen als geselliges Wesen bestimmt? Dieses Argument treibt noch Thoreau um, der sich in *Walden* in der Pflicht sieht, seinen Rückzug aus der Gesellschaft und die damit verbundene Weigerung, sich philanthropisch zu betätigen, zu erklären. Auch hier bietet der Verweis auf die Exklusivität eines Lebensentwurfs, der auf äußerste Unabhängigkeit einzelner herausgehobener Individuen zielt, die einzige Rechtfertigung: »Do not stay to be an overseer of the poor, but endeavor to become one of the worthiest of the world«.[40] Über die bloße Philanthropie und das Mitgefühl mit anderen habe man, so Thoreau, hinauszuwachsen, um an sich selbst arbeiten zu können. Seneca hatte in *Über die Muße* bereits eine ähnliche Antwort gegeben. Gerade weil es von jedem Menschen verlangt werde, anderen zu nützen, sei das einsame, auf die eigene Selbstvervollkommnung gerichtete Leben ethisch gerechtfertigt: »so nützt, wer immer sich um die eigene Person verdient macht, eben dadurch anderen, weil er künftigen Nutzen für sie schafft«.[41] Er wird zum Weisen, den die anderen aufsuchen und befragen können.

Was aber, so fragt sich Petrarca im letzten Kapitel des Buchs, wenn nun alle seinem Aufruf folgen und das von niederen Leidenschaften getriebene Leben in der Stadt aufgeben würden? Was, wenn alle plötzlich begreifen, dass die wahre Freiheit in der Abgeschiedenheit liegt? Sollte tatsächlich die Mehrheit der Menschen die Liebe zum einsamen Leben entdecken, dann wären die Städte eines Tages entleert und die ländliche Abgeschiedenheit wäre voller Menschen. Dies aber, so kontert Petrarca, werde nie passieren, denn nur wenige seien gottgefällig genug, das in *De vita solitaria* vorgeschlagene Programm auch umzusetzen: Denn »ich spreche auch nicht alle an, sondern dich und mich und die wenigen, die sich über die Masse erheben«.[42] Deutlicher lässt sich die Exklusivität des wohl nicht umsonst im abgeschlossenen Tal, dem *vallis clausus*, geprobten Rückzugs nicht aussprechen. Von der Masse (*turba*) und ihren Turbulenzen hatte auch Seneca seine

Anleitung zur Seelenruhe (*tranquillitas animi*) abgehoben. Gerade die modernen Eremiten sind sich über den elitären Zug ihres einsamen Lebens in der Natur im Klaren. Nicht alle, so schreibt Sylvain Tesson, können sich den »Luxus der Genügsamkeit«[43] leisten. Denn es »ist ein Luxus, allein zu leben in dieser Welt, in der das *Zusammenleben* bald das größte Problem sein wird«. Und so gilt: »Eremitentum ist immer elitär«.[44]

Petrarcas Texten – dies gilt für den Beichtbrief über die Besteigung des Mont Ventoux ebenso wie für die Apologie des einsamen Lebens – sind die Anstrengungen der Vermittlung zwischen Antike und christlichem Mittelalter anzusehen. Ideengeschichtlich wurden die Texte meist für den Humanismus und damit für die Herausbildung des neuzeitlich-modernen Begriffs der Individualität reklamiert. Entscheidend für den Zusammenhang von Natur und Askese ist aber nicht der Bruch mit den antiken oder aber christlichen Traditionen des Natur- wie des Selbstbezugs, sondern deren Integration. In dem Brief über die Besteigung des Mont Ventoux wie auch in seiner Schrift über das einsame Leben amalgamiert Petrarca antike und christliche Traditionsstücke einer vorzugsweise in der Natur angesiedelten Muße. Es handelt sich dabei um eine Leistung, die Petrarca im Schlussabsatz von *De vita solitaria* noch einmal als eine von der Natur inspirierte ausweist: »[J]edes Rascheln der Blätter im Wind und jedes Plätschern des hervorquellenden Wassers« hätten ihm während der Abfassung dieses allzu lang gewordenen Buchs zugeflüstert, dass er auf dem rechten Weg sei.[45]

Die Bedeutung der Texte Petrarcas lässt sich an der Beharrlichkeit ablesen, mit der in der Naturliteratur auch jenseits der Schwelle zwischen Mittelalter und Früher Neuzeit die Elemente einer durch antike Vorbilder der Muße (*otium*) auf den Weg gebrachten, zugleich christlich überformten *vita contemplativa* wiederkehren. Bei Rousseau, der in seinen ebenfalls vom »Rauschen des Wassers«[46] induzierten *Träumereien* das Lob des einsamen Lebens fortschreibt, geschieht dies in einem veränderten diskursiven Kontext. Dabei tritt dem einsamen Leben in der Natur, wie Rousseau es in seinen *Träumereien* entwirft, eine in der *Abhandlung über die Ungleichheit* entwickelte Fiktion vom Menschen im Naturzustand zur Seite. Ob sich Rousseaus philosophischer Entwurf eines ursprünglichen Lebens in der Natur mit seinem Traum von einer Rückkehr auf die letzten Inseln vermeintlich unberührter Natur verbinden lässt, ist fraglich. Gerade deshalb gibt die vergleichende Lektüre beider Texte Gelegenheit, die Probleme zu konturieren, in die das Verhältnis von Natur und Askese in der Moderne gerät.

Auf der Insel: Rousseau träumt

Rousseaus *homme sauvage* lebt von Natur aus asketisch. Eine Vision, die Rousseau im ersten Teil seiner *Abhandlung über die Ungleichheit* teilt, zeigt den wilden Menschen bei der Befriedigung seiner Grundbedürfnisse: »Ich sehe es, wie er sich unter einer Eiche sättigt, am erstbesten Bach seinen Durst stillt und sein Lager am Fuß desselben Baumes findet, der ihm sein Mahl gespendet hat«.[47] Der Lebensraum dieses ersten Menschen, die Eiche lässt es ahnen, ist der Wald: »Die Erde, die ihrer natürlichen Fruchtbarkeit überlassen und von ungeheuren Wäldern bedeckt ist, welche niemals die Axt verstümmelt hat, bietet den Tieren jeder Art auf Schritt und Tritt Vorratslager und Zufluchtsorte«.[48] Zum Menschen im ersten Zustand gehört eine ursprüngliche, noch völlig unbearbeitete Natur in Gestalt eines Urwalds, der dem menschlichen Tier nicht nur Schutz und Nahrung bietet. In der Unübersichtlichkeit des bewaldeten Terrains findet er auch die Einsamkeit, die seine Lebensweise auszeichnet. Denn Rousseaus Wilde leben verstreut unter den Tieren und noch nicht in festen menschlichen Gruppierungen oder gar Siedlungen. Der ursprüngliche Mensch ist, darin besteht die wesentliche Pointe der Rousseau'schen Version des Naturzustands, ein nicht in Familien oder anderen sozialen Verbünden organisierter Einzelgänger. Es ist die natürliche Lebensweise des Menschen, nicht nur »einfach, gleichförmig«, sondern vor allem »allein« zu leben.[49]

Die äußere Natur gibt in Rousseaus Erzählung eine schillernde Figur ab, ist sie als Mutter Natur doch Schöpferin, Lebensraum und Erziehungsfigur in einem. Und diese Mutter ist mal streng, mal überaus großzügig. Der *homme sauvage*, der sich zunächst noch auf leichte Weise gesättigt unter einer Eiche schlafen legen darf, findet sich kurz darauf in einer eher lebensfeindlichen Umgebung wieder. Die Rede ist nun von den »Unbilden der Witterung« und der »Härte der Jahreszeiten«, dem »Ertragen von Erschöpfung« und dem Zwang, sich ohne Kleidung und Waffen im harten Überlebenskampf durchzusetzen.[50] Die Natur ist mindestens so grausam wie »das Gesetz Spartas«, das sich in der Erziehung seiner Kinder und Jugendlichen zeigt:[51] Wer sich nicht im täglichen Üben stärkt und abhärtet, kommt um. Großzügig war die strenge Mutter Natur allerdings in der Ausstattung des Menschen mit den unterschiedlichsten Instinkten und Organen, die ihn zu nichts Besonderem, wohl aber zu allem

Möglichen disponieren. In steter Übung kann sich der Mensch zu dem befähigen, wozu ihn die Not zwingt.

Angesichts dieser dem Menschen mitgegebenen Möglichkeit der Selbstveränderung – oder mit einer von Rousseau geprägten Lieblingsvokabel des ausgehenden 18. Jahrhunderts gesprochen: angesichts seiner *perfectibilité* – ist der Übergang vom Natur- in den Kulturzustand aber unvermeidbar. Wann und wo er stattfindet, mag einer unglücklichen Verkettung von Zufällen geschuldet sein; dass er stattfinden würde, war nur eine Frage der Zeit. Denn anders als andere Tiere trägt der Mensch in Gestalt der Freiheit den Keim zu seiner eigenen Kultivierung in sich. Während das Tier immer das bleibt, was es nach nur wenigen Monaten des Heranwachsens geworden ist, hat der Mensch die Freiheit, sich weiterzuentwickeln.

Leider jedoch führt, so lautet das bekannte Argument, die Akkulturation des Menschen zu seiner ›Entartung‹ (*dégéneration*). Ihr »Erfindungsgeist«[52] gibt den Menschen Ideen für Waffen und Werkzeuge ein, die ihnen die tägliche Übung ersparen. Derartige Hilfsmittel, aber auch Kleidung und Wohnung nehmen ihm ab, mit dem in der Natur Vorgefundenen auszukommen und den eigenen Körper in unablässiger Arbeit zum wirksamen Werkzeug auszubilden. So wird der mit immer mehr Bequemlichkeiten ausgestattete domestizierte Mensch ein entarteter Mensch, der zuletzt seine eigene Natur wechselt: aus dem asketischen Wilden wird ein Zivilisierter, der von allem immer mehr möchte. Und hier liegt sein Unglück. Der *homme civile* ist gefangen in einem Leben für die Dinge, die er sich wünscht. Neben materiellen Reichtümern hat Rousseau hier vor allem dasjenige im Blick, was nur die Gemeinschaft geben kann: Macht und Ansehen. Der Ausgang aus dem Naturzustand bedeutet den Abschied von seiner natürlichen Autarkie, der so gravierend ist, dass er auch in den Philosophien der Askese nicht mehr eingeholt werden kann. Der erste Mensch sei derart autonom und genügsam gewesen, dass sogar »die Ataraxie des Stoikers« nicht mehr an dessen »tiefe Gleichgültigkeit gegenüber jedem anderen Gegenstand« heranreiche.[53]

Wenn der Mensch selbst seine Natur gewechselt hat, dann gibt es keine Rückkehr in den Zustand des ersten Menschen. Tatsächlich hatte Rousseau allen, die seiner Analyse ein simples ›Zurück zur Natur‹ entnehmen wollen, schon in seinem Vorwort eine Warnung mitgegeben. Hier weist er sein Bild vom ersten Menschen als eine von der Einbildungskraft eingegebene Spekulation aus, die etwas erfindet, was so nie war, nirgends ist, und niemals sein wird. Die Einsicht in die Rolle der Fantasie ist entscheidend, um die Beziehung zwischen Rousseaus zweitem *discours* und den späten *Träumereien eines einsamen Spaziergängers* richtig einzuschätzen. Denn mit dem radikal asketischen Leben in der Natur haben Rousseaus eigene Rückzugserfahrungen, die er in den *Träumereien* niederschreibt, nur wenig zu tun.

Der 64-Jährige schreibt hier die Fortsetzung seiner *Bekenntnisse*. Er wendet sich seinen über lange Zeit hinweg gesammelten losen Blättern zu und führt sie zu einem immer wieder neu ansetzenden Erinnerungstext zusammen. Bestimmend ist der Ton der Klage und Anklage: Man habe ihn verkannt und verstoßen, er sei missverstanden und zu Unrecht vertrieben worden, so lautet der den Text durchziehende Grundton. Viele haben die *Träumereien* deshalb als die Fantasien eines Paranoikers gelesen. Es ist aber auch ein Text über das Leben in einer Natur, die das von anderen Menschen zugefügte Unglück zu lindern vermag. In der fünften Träumerei erinnert sich Rousseau an das ganz beispiellose »Glück«, das er zwei Monate lang auf einer kleinen Insel des Bielersees im Schweizer Jura erlebt hat.[54] Diese Textpassage ist für das Verhältnis von Natur und Askese außerordentlich aufschlussreich.

Der auf der Insel erprobte Rückzug in die Natur war zwar nicht gesucht, sondern erzwungen, Rousseau vermag ihn gleichwohl zu genießen. Die nackte physische Selbsterhaltung ist für den exilierten Inselbewohner dabei von geringem Interesse. Es gibt ein festes Haus, Kammer und Bett, Personal und geregelte Mahlzeiten. Muss der *homme sauvage* in ständigem Training bleiben, um seinen Körper als Werkzeug der überlebensnotwendigen Tätigkeiten wirksam erhalten zu können, so besteht Jean-Jacques' Glück im stundenlangen Nichtstun. Dennoch scheint er selbst die Wendung zur Natur als durchaus einschneidend zu empfinden. Die mitgebrachten kulturellen Dokumente ignorierend packt er weder die Bücherkisten noch das Schreibzeug aus und nimmt nur ein einziges Buch zur Hand, um sich eingehender mit der Flora zu befassen. Gerne würde er jede auf der Insel vorzufindende Pflanze mithilfe des Linné'schen *Systema naturae* beschreiben. Blumen und Heu interessieren ihn besonders.

Nun ist die Petersinsel auf dem Bielersee, nach deren Vorbild die sogenannte ›Rousseau-Insel‹ zum Inventar besonders elaborierter Landschaftsparks geworden ist, kein Stück unerschlossene Natur. Zwar findet Rousseau den See grundsätzlich »urwüchsiger und romantischer« als etwa den größeren Genfer See. Er sei enger umstellt von Felsen und Wäldern, die Agrarlandschaft sei weniger ausgeprägt, so dass es »mehr natürliches Grün« gebe.[55] Dennoch ist die zum Wohnsitz gewählte Insel mit einem recht großen Anwesen bebaut, es finden sich neben Äckern, Rebflächen,

Obstgärten und Weiden auch ein Geflügelhof, ein Taubenschlag und mehrere Fischteiche. Die benachbarte, etwas kleinere Insel wird schrittweise abgetragen, um die Erosion auf der bewirtschafteten Hauptinsel in Schach zu halten. Es handelt sich, wie Rousseau erstaunlich leidenschaftslos kommentiert, um das in der Natur nun einmal geltende Recht des Stärkeren: »So wird die Substanz des Schwachen immer zum Nutzen des Starken verwandt«.[56] Rousseau selbst setzt auf dieser kleinen Insel Kaninchen aus, um ihre Verbreitung zu beobachten; Klee haben dort offenbar schon andere ausgesät. Dem Blick bietet sich also keine ursprüngliche, sondern eine bebaute, landschaftsplanerisch erschlossene, agrarisch genutzte, wissenschaftlich beschriebene und experimentell besiedelte Natur.

Und doch ist die von Wasser umgebene Insel der Ort, an dem sich für Rousseau das wahre Wesen der titelgebenden *rêverie* enthüllt. Wenn er morgens genug botanisiert hat, rudert er am Nachmittag in einem Kahn auf den See, um sich von den Wellen schaukeln zu lassen. Dann versinkt er »in tausend verworrene, aber herrliche Träumereien, die keinen eigentlichen Gegenstand hatten und mir doch hundertmal süßer waren als alles, was man gemeinhin die Freuden des Lebens nennt«.[57] Einige Seiten später folgt eine Beschreibung dieser Versenkung, die zwar von der Natur geleitet ist, aber nicht zu ihr führt: Das Rauschen und die Bewegung des Wassers bannen die Sinne in einer Weise, die jedes andere Gefühl, jede Erinnerung an Erlebtes und alle Wünsche an ein Künftiges verdrängen. In dieser Versunkenheit findet der Träumer zu einem Leben im Jetzt. Diese oft diskutierte Erfahrung einer Aufhebung der Zeit beschreibt Rousseau selbst als Zustand der absoluten Autarkie: Hier sei »man sich selbst genug, wie Gott«.[58] Als innere Einkehr und gesteigerte Selbstbegegnung zeichnet sich dieser Zustand durch seine besondere Leidenschaftslosigkeit aus, in die Rousseau zuletzt Versatzstücke der christlichen Askese integriert:

> Aller weltlichen Leidenschaften ledig, die der Trubel des gesellschaftlichen Lebens erzeugt, schwänge sich meine Seele schon einmal über den Dunstkreis des Irdischen hinaus und pflegte ersten Umgang mit den himmlischen Geistern, deren Zahl sie binnen kurzem zu vermehren hofft.[59]

Die vom plätschernden See induzierte Träumerei wird dank des asketischen Topos einer völligen Leidenschaftsfreiheit zur religiösen Transzendenzerfahrung.

Rousseau fragt sich, ob die beständige Bewegung des Wassers ihm die besondere Einsicht in das Wesen der Welt beschert habe, oder ob es das Geräusch des plätschernden Wassers sei. Die Reduktion der Umgebungsnatur auf den Hörsinn scheint es zu erlauben, den Blick nach innen zu richten und die Arbeit der Einbildungskraft zu steigern. Damit verdankt sich das Glück in der Natur einem menschlichen Vermögen, das Rousseau in seinem zweiten *discours* einer schonungslosen Kritik unterzogen hatte: »Die Einbildungskraft, die so viele Verheerungen unter uns anrichtet, spricht nicht zu den Herzen der Wilden«, hatte es über den *homme sauvage* geheißen.[60] Als Erfindungskraft war die Einbildung für Rousseau ja ebenjenes Vermögen, mit dem sich der Mensch in immer kultiviertere Zustände versetzt und von seiner eigenen Natur entfernt. Obwohl die Einbildungskraft den Menschen von der Natur entfremdet hat, bietet sie den einzigen Weg, sich wieder auf die Natur zu beziehen. Denn dem Autor der *Träumereien*, der Jahre später in der Stube schreibt, bietet sich der Rückweg nur »auf den Flügeln meiner Phantasie« an.[61] Insofern die Gabe der Träumerei zu allerlei Erdichtungen anregt, ist sie als Organ der poetischen Produktivität zu lesen, die hier sowohl die Entfernung als auch die Wiederannäherung an die Natur antreibt.

Während Petrarca seinen Rückzug ins Vaucluse noch im gewohnten Gegensatzpaar von Ruhe (*otium*) und Geschäftigkeit (*negotium*), Einsamkeit (*solitudo*) und Masse (*turba*) der lateinischen Stoiker artikulieren kann, gehört es zur Signatur rousseauistischer Naturverhältnisse, nur in und mit der Natur leben zu können, wenn man das zivilisierte Ich abgelegt hat und sich selbst in eine Art Naturzustand zurückversetzt hat. Die Aporie einer derartigen Vorgabe wird jedoch in Rousseaus eigener Textproduktion deutlich, haben seine Träumereien am und vom Bielersee doch erstaunlich wenig gemein mit dem *homme sauvage*, jener Fiktion eines Menschen vor der Vergesellschaftung. Und so bleibt für fast alle Rousseau-Nachfolger zu klären, wie weit man sich auf der Flucht vor der Zivilisation zurück in prähistorische Zustände begeben will. Thoreau etwa versichert am Anfang seines Berichts, er wolle sich an der »simplicity and nakedness of man's life in the primitive ages« orientieren.[62] Im Zentrum seiner Lebenskunst steht allerdings eine geistige Verwandlung, bei der er seinen inneren Wilden, seinen *inner savage*, eigentlich austreiben will. Die Vorstellung von einer Orientierung an vorgeschichtlichen Sozialisations- und Lebensformen kehrt in neueren Projekten eines gelungenen Lebens in der Natur wieder. In manchen Fällen wird die Imitation prähistorischer Techniken mit beinahe wissenschaftlicher Akribie verfolgt.

Jon Krakauer etwa skizziert in *Into the Wild* das anthropologische Selbstexperiment Gene

Rosselinis, der sein Leben in Alaska ins Zeichen unterschiedlicher prähistorischer Epochen stellt: Am Ende hat sein Leben Ähnlichkeit mit neolithischen Verhältnissen, soweit wir von ihnen wissen. In einem Brief schreibt Rosselini:

> I began my adult life with the hypothesis that it would be possible to become a Stone Age native. For over 30 years, I programmed and conditioned myself to this end. In the last 10 of it, I would say I realistically experienced the physical, mental, and emotional reality of the Stone Age. But to borrow a Buddhist phrase, eventually came a setting face-to-face with pure reality. I learned that it is not possible for human beings as we know them to live off the land.[63]

Womöglich scheitert Rosselini aber nur daran, dieses neolithische Leben allein führen zu wollen. Die Gründerin des *Four Seasons Prehistoric Project*, die sich selbst Lynx nennt, hat ihr Leben in den Rocky Mountains durchaus erfolgreich ins Zeichen des steinzeitlichen Jagens und Sammelns gestellt. Anders als Rosselini tut sie dies aber in einem »Clan«, denn sie weiß: »Man kann nur zusammen überleben«.[64] Wie sich anderen der von Éric Valli gesammelten Berichte entnehmen lässt, bilden historische und prähistorische Techniken meist die Inspiration für die sich selbst auferlegten Regeln. Manche leben wie die ersten Siedler, andere orientieren sich an indigenen Bevölkerungsgruppen, einige wollen nur Dinge benutzen, die sie auch selbst hergestellt haben.

Prähistorische Experimente und vorzivilisatorische Körper- und Lebenspraktiken sind Rousseau allerdings noch fremd. Was den zweiten *discours* und die späten *Träumereien* vielmehr verbindet, ist die Rückprojektion des asketischen Idealzustands der Leidenschaftslosigkeit und der Freiheit von quälenden Wünschen auf den einsamen Wilden. Die stoische Tradition, wie sie bei Seneca gebündelt ist, scheint bei Rousseau als Vorbild durch. Im einsamen Leben auf der Insel gibt es kein Gestern und kein Morgen, keine Reue über Vergangenes und keine Pläne für Künftiges. In der Natur, und dies gilt für den Naturzustand des fiktiven ersten Menschen wie auch für den Naturaufenthalt des hochzivilisierten Jean-Jacques Rousseau, ist der Mensch nicht eins mit der Natur, sondern eins mit sich – auch wenn der Wunsch nach einem Aufgehen oder zumindest einer Spiegelung des Subjekts in seiner Umwelt deutlich artikuliert wird. In diesen Widerspruch ist die seit Rousseau verfasste Literatur über Natur eingelassen.

Die Bruchstelle, die sich in Rousseaus zweifacher Annäherung an die Natur abzeichnet, vertieft sich in der Literatur des 19. Jahrhunderts. Ein Verdachtsmoment ist hier weiter zu verfolgen. Dass sich von der Natur nicht in der Natur schreiben lässt, dass also die literarische Produktion im erinnernden Rückblick auf eine zum größten Glück erklärte Naturerfahrung stattfindet, ist offensichtlich. Aus dieser Konstellation ergibt sich eine noch dringendere Frage: Sehen Asketen beim Blick auf die Natur denn wirklich noch dasjenige, was sie umgibt, oder erblicken sie vielmehr sich selbst? Die Verbindungen von Natur und in sich kreisender Subjektivität lotet die deutschsprachige Romantik in ihren pathologischen Aspekten aus. Ihr Lokal ist weniger die Insel als vielmehr das Waldesinnere, in dem wunderlich gewordene Einsiedler leben.

Waldeinsamkeit: Romantische Einsiedeleien

Waldeinsamkeit, dieses von Ludwig Tieck geprägte Wort, führt ins Zentrum einer romantischen Poetik der Natur. Es findet sich zuerst in der 1797 publizierten Märchennovelle *Der Blonde Eckbert*, bevor es als Titel der meist als Satire gelesenen späten Novelle *Waldeinsamkeit* von 1841 wiederkehrt. Im *Blonden Eckbert* fällt das Wort Waldeinsamkeit in der Anfangs- und Schlusszeile eines Gedichts, das drei Mal mit signifikanten Abweichungen wiederholt wird. Bertha, die Frau des Ritters Eckbert, erzählt eines Abends in Gesellschaft des einzigen Freundes, Philipp Walther, von ihrem Leben als ungeliebtes Kind in einer armen Schäferfamilie und von ihrer Flucht in den Wald. Nach drei Tagen in der Wildnis stößt sie hinter einem mit Birken bepflanzten Hügel auf eine Waldhütte, bewohnt von einer rätselhaften Alten, die einen Hund und einen Wundervogel besitzt. Bei ihrer Ankunft wird Bertha von dem Lied dieses Vogels begrüßt: »Waldeinsamkeit / Die mich erfreut, / So morgen wie heut / in ew'ger Zeit, / O wie mich freut / Waldeinsamkeit«.[65] Die erfreuliche Gleichförmigkeit einer außerhalb der Zeit liegenden Zeit erinnert an Rousseaus Naturerfahrung der *Träumereien*.

Bertha bleibt bei der Alten, bei der sie zu spinnen und zu lesen lernt. Und so könnte es bleiben, wenn nicht die in der Waldhütte vorrätige Literatur an der Grenze zur Pubertät einen Liebeswunsch induzieren würde, der in der Waldeinsamkeit nicht befriedigt werden kann. Das an Ritterromanen entzündete Begehren des Mädchens verbündet sich mit dem Verstand. Bertha begreift den materiellen Wert der vom Vogel gelegten Edelsteine, raubt den Vogel, verlässt mit ihm die Hütte und mietet sich in der Stadt ein, wo sie den Vogel tötet. Hier verändert sich das Lied: »Waldeinsamkeit / Wie liegst du weit! / O dich gereut / Einst mit der Zeit – / Ach einz'ge Freud / Waldeinsamkeit«.[66] In den Abwandlungen der mittleren Zeilen artikulieren sich der traurige Verlust des Glücks wie auch das Bewusstsein der eigenen Schuld.

Nachdem Bertha ihre Erzählung mit der eigenartig emotionslosen Erwähnung ihrer Heirat beendet hat, braut sich in der wiederaufgenommenen Rahmenerzählung das Unglück zusammen. Bertha vermag sich beim besten Willen nicht mehr an den Namen des Hundes zu erinnern, den sie schutzlos in der Hütte der Alten zurückgelassen hat. Als Philipp Walther ihr wie nebenbei den Namen Strohmian ins Gedächtnis ruft, erkrankt Bertha an einem Nervenfieber. Eckbert geht verzweifelt auf die Jagd in den Wald, schießt dort auf Walther und findet, auf die Burg zurückgekehrt, Bertha tot vor. Nach einiger Zeit des vereinsamten Lebens wandert Eckbert »weit hinein in die Wälder«, bis er in die Nähe des Birkenwalds gerät. Hier hört auch er das Lied, das nun von der Wiedergewinnung der beglückenden »Waldeinsamkeit« spricht: »Waldeinsamkeit / mich wieder freut, / Mir geschieht kein Leid, / Hier wohnt kein Neid, / Von neuem mich freut / Waldeinsamkeit«.[67] Die Freude hat sich hier ›wieder‹ und ›von neuem‹ eingestellt – gemeint scheint die Rückkehr in den Zustand des glücklichen Daseins in der Natur.

Die drei Versionen des Gedichts *Waldeinsamkeit*, so hat man es vor dem Hintergrund frühromantischer Geschichtsphilosophie gedeutet, folgen der Dialektik einer ursprünglichen Einheit mit der Natur, der Entfremdung von ihr und der Wiederannäherung. Wichtige Aspekte der Erzählung, von der die Gedichtvariationen nicht zu trennen sind, wollen in dieser Deutung aber nicht so recht aufgehen. Zunächst ist zu bemerken, dass Berthas Leben im Innersten des Waldes gerade nicht in der Natur, sondern bei häuslichen Tätigkeiten in der Hütte stattfindet. Ebenso wenig taugt der dort gefangen gehaltene Wundervogel als Bild für einen friedlichen Umgang des Menschen mit der Natur. Hütte und Käfig sind verkleinerte Innenräume, die auf die beschränkten und beschränkenden Verhältnisse verweisen, in denen sowohl die sprechenden Tiere als auch das Mädchen leben. Vor allem aber findet Bertha ihr Glück nicht im Dialog mit der Natur, sondern in der Lektüre. Die Bücher von Rittern, Abenteuern und von der Liebe, mit denen die Waldhütte ausgestattet ist, sind ihr in der »Einsamkeit eine Quelle von unendlichem Vergnügen«.[68]

Gibt die Einsamkeit der Waldhütte schon kaum das Bild einer glücklichen präreflexiven Einheit mit der Natur ab, so fällt es noch schwerer, die dritte Variante des Gedichts und damit die Wiederherstellung der Waldeinsamkeit als heilende Synthese zu lesen. Die angeblich wiedergewonnene Einheit mit der Natur gestaltet Tieck als Szene, in der die Einbildungskraft jeglichen Anhalt in der Wirklichkeit verloren hat. Über der Offenbarung der wunderlichen Alten, sie selbst sei »niemand anders als Walther«, Bertha hingegen sei Eckberts Schwester gewesen, wird der vereinsamte Ritter vollends wahnsinnig: »Jetzt war es um das Bewusstsein, um die Sinne Eckberts geschehn«.[69] Die Waldeinsamkeit erweist sich nicht als Raum des Wunderbaren, von dem sich der Mensch, sich an der Natur verschuldend, abgekehrt hat. Sie ist stattdessen der Ort, an dem

Eckbert die tragische Isolation seines gelebten Lebens aufgeht: »in welch entsetzlicher Einsamkeit hab ich dann mein Leben hingebracht«.[70]

Tatsächlich hatte sich der in der Rahmenerzählung entworfene Alltag Berthas und Eckberts kaum von der Waldhütte im Birkenwald unterschieden. »Einsamkeit«, »Mäßigkeit« und »Sparsamkeit« zeichnen das von melancholischer Asozialität gekennzeichnete Leben auf der Burg im Harz aus. Die »einsamen Spaziergänge« im Wald bieten die einzige Abwechslung.[71] Die unter den Geschwistern Eckbert und Bertha geführte Ehe zeigt in der Ausgestaltung des alltäglichen Lebens, dass ihnen die Wendung nach Außen nicht gelungen ist. Wenn schließlich Walther und die Alte dieselbe Person sind, dann ist der Kreis der Handlungsfiguren empfindlich verengt. Offenbar war für Eck/Bertha, verkürzt gelesen, ›niemand anders‹ da als W/althe/r. Bis ins äußerst sparsam verwendete Buchstabenmaterial der Namen hinein sind in Tiecks *Blondem Eckbert* die radikale Reduktion der Welt und die daraus resultierende Unentrinnbarkeit des eigenen Selbst vorgeführt. Indem er alle Figuren einer bloßen Permutation von Buchstaben entspringen lässt, spielt Tieck im *Blonden Eckbert* erstaunlich technisch die Zahlen Eins, Zwei und Drei als den kleinsten Formen der Vergesellschaftung durch, wie Georg Simmel sie hundert Jahre später aus soziologischer Perspektive untersucht hat. Wirklich einsam, so bemerkt Simmel bei der Untersuchung der Eins, ist man nur in Gesellschaft.[72] Eckbert, dem zwar die von Simmel ebenfalls als Form der Einsamkeit beschriebene monogame Ehe, nicht aber die mehrfach versuchte Gemeinschaft mit einem Dritten gelingt, ist nicht im asketischen Sinn frei, sondern im soziologischen Sinn einsam.

Ebenso ernüchternd ist das Ergebnis mit Blick auf eine Natur, die bei Petrarca und Rousseau zu privilegierten Orten einer geglückten Selbstbegegnung geworden war. Tiecks Waldeinsamkeit ist keine Lokalität, die sich das von der Natur getrennte Subjekt als heilen Wunschort imaginiert und die es im Märchen, das dem novellistischen Rahmen eingelegt ist, noch einmal besuchen darf. Vielmehr ist das Innere des Waldes nichts anderes als das eigene Innere, in dem sich das von der Fantasie angeregte Begehren in Wünsche übersetzt. Wenn die Waldeinsamkeit für den seelischen Innenraum steht, den die Figuren nie verlassen, dann ist der Wald nicht das Andere, sondern – mit Freud gesprochen – das heimliche Eigene. Von diesem Arrangement zehrt noch die Unheimlichkeit des Märchenwalds mit seinen Hexen und sprechenden Tieren. Das rettungslose In-sich-Kreisen des Subjekts findet sein Abbild in einer Gedichtform, die in Gestalt eines rhetorischen *kyklos* mit demselben Wort beginnt, mit dem es auch endet: Waldeinsamkeit. Tiecks Prägung dieses wirkmächtigen Topos von der Waldeinsamkeit ist zutiefst zweideutig.

Die Ambiguität der romantischen Waldeinsamkeit stellt E. T. A. Hoffmann in der Auseinandersetzung, die er in seinen frühen Berliner Jahren mit Tiecks *Phantasus* geführt hat, noch schärfer. Zwischen 1819 und 1821 publiziert Hoffmann eine Sammlung von Erzählungen mit dem Titel *Die Serapionsbrüder*. Unter diesem Namen treten eine Reihe miteinander befreundeter Künstlerfiguren auf, die sich nach Jahren der Trennung wiedertreffen. Die Neugründung des Künstlerbunds im Berliner Salon fällt zunächst nicht leicht. Man ist einander fremd geworden und findet nur mühsam wieder zueinander. Die erste, aus einer gewissen Verlegenheit heraus präsentierte Erzählung führt aus der Stadt hinaus in den Wald. Der schweigsame Cyprian berichtet von einem mehrere Jahre zurückliegenden Spaziergang in den Wäldern, auf dem er einen rätselhaften Einsiedler trifft. Zurück in der Stadt erfährt er, dass es sich um einen Adeligen mit besten Verbindungen und einer vielversprechenden diplomatischen Karriere handelt, der sich in den Wald zurückgezogen habe. Ein Aussteiger also – allerdings, so muss man annehmen, ein pathologischer Fall. Nicht nur behauptet er von sich, er sei der Märtyrer Serapion; er bringt seine Zeit auch im imaginären Zwiegespräch mit fast allen bekannten Heiligen zu. Cyprian besucht ihn ein weiteres Mal mit dem Ziel, ihn von diesem Wahn zu heilen.

Dabei versucht er ihm vor Augen zu führen, dass es sich bei diesem »kleinen, täglich von Bauern, Jägern, Reisenden, Spaziergängern durchstreiften Wald zwei Stunden von B**« wohl kaum um die Thebaische Wüste handeln könne, in die sich der historische Serapion zurückgezogen habe.[73] Der Einsiedler hält Cyprian jedoch die Subjektivität ihrer jeweiligen Positionen entgegen. Selbst ein gemeinsam unternommener Gang aus dem Wald heraus würde nichts daran ändern, dass jeder von ihnen der eigenen Interpretation der Wirklichkeit anhinge und den anderen für einen armen Kranken hielte, der im »heillosen Wahnsinn« gefangen sei.[74] Tatsächlich scheint auch Cyprians Anhalt in der Realität nicht allzu fest zu sein. Er erzählt die Geschichte von Serapion wie aus einem Traum erwachend, weil an dem Tag seine »innere[n] Stimmen recht laut und lebendig ertönen«, und bezeichnet sein Erlebnis als »Erinnerung«, die er »nicht loswerden« kann.[75] Wie Serapion wird offenbar auch der Erzähler Cyprian von Stimmen heimgesucht und von schlecht bewältigten Vorstellungen verfolgt.

Speist sich die romantische Faszination für den asketischen Rückzug also, wie meist angenommen, aus der Sehnsucht nach einem vormodernen, nunmehr verlorenen Zustand einer Harmonie mit der Natur? Dafür scheint zu sprechen, dass mit dem bärtigen Serapion in brauner Kutte eine an den Heiligen Franziskus erinnernde Figur auftritt, die »in Eintracht mit den Tieren des Waldes« lebt.[76] Serapion hat allerdings mit Hacke und Spaten einen kleinen Garten angelegt, in dem er sich nicht nur von der Zivilisation der modernen Welt, sondern ebenso vom umliegenden Wald absondert: »[Ich] verschloss sorgfältig mein Gärtlein«.[77] Dieser ordentliche Abschluss von der Welt in einer Art *hortus conclusus*, dem paradiesartigen abgeschlossenen Garten, ist für die entworfene Figur weitaus charakteristischer als das kurz erwähnte, über den Gartenzaun blickende Reh. Anders als Franziskus lässt sich Serapion offenbar in keine Gespräche mit wilden Tieren verwickeln.

Entscheidend für den Bund der Serapionsbrüder ist deshalb auch nicht das von Serapion verkörperte Naturverhältnis, sondern sein Selbstverhältnis, das sich durch ein in der Einsamkeit gefundenes Glück wie auch durch eine gesteigerte Aktivität der Einbildung auszeichnet. Deutlich wendet er sich gegen Extremformen der christlichen Askese. Ihm sei jeder »aszetische Zynismus« fremd, er sei nach überstandenem Martyrium weder blass, abgemagert noch wahnsinnig, sondern vielmehr ruhig und heiter. Die antike Stoa, wie sie sich etwa in Senecas *tranquillitas animi*, der als Seelenruhe übersetzten griechische *euthymia* (Frohsinn) zeigt, bietet hier viel eher das Vorbild.[78] Wie Petrarca hält auch Serapion die Einsamkeit für die ideale Lebensform: »Fürchte nicht die Schauer der tiefen Einsamkeit, nur in ihr geht dem frommen Gemüt solch ein Leben auf!«[79] Und wie bei Petrarca verbindet sich das Lob der Einsamkeit mit der Einsicht in die besondere poetische Produktivität eines Lebens fernab der Gesellschaft.

Schon vor seiner Verwandlung in einen Anachoreten hatte der Graf, später dann Serapion, als herausragendes literarisches Talent gegolten. In der Einsamkeit des Waldes hält er nun Zwiesprache mit großen Dichtern: »Gestern war Ariost bei mir, dem bald darauf Dante und Petrarch folgten«. Manchmal steige er auch »auf die Spitze jenes Berges«, von dem aus er Alexandrien sehen könne, wobei sich vor seinen Augen »die wunderbarsten Ereignisse und Taten« begeben.[80] Und dann beginnt Serapion dem staunenden Cyprian eine Geschichte nach der anderen zu erzählen. Als Figur der außerordentlichen poetischen Produktivität verrät sich im Einsiedler Serapion nicht nur die unheimliche Affinität von Genie und Wahnsinn, sondern auch die besondere Ökonomie der Dichtung: Das Leben in der Einfachheit generiert eine ungeahnte Fülle der Erfindung.[81]

Die hier von der radikalen Ausnahme abgeleitete Eigenart dichterischer Subjektivität wird in den *Serapionsbrüdern* zum Gesetz des novellistischen Erzählens. Liest man Serapion als Figur der Dichtung, so wird evident, in welchem Maße der romantischen Poetik der Natur ebendiese Natur aus dem Blick gerät. Der Wald, die Wildnis und das in dieser Waldwildnis angelegte, selbst noch einmal abgeschlossene Gärtchen mit der selbstgebauten Hütte ist kein Ort einer Zwiesprache mit den Bäumen und den Tieren. Vielmehr entspinnt sich hier ein Gespräch mit den Toten, die der Einsiedler im eigenen Inneren führt. Seine Fantasie überblendet noch den Bergblick mit den aus dem Inneren hervorgeholten Figuren und Ereignissen. Die Waldeinsamkeit ist kein Bild eines besonderen Naturbezugs, sondern eine Chiffre für dichterische Subjektivität.

In spätromantischen Referenzen auf die Tieck'sche Waldeinsamkeit intensivieren sich die Spannungen, die sich zwischen christlichem Jenseitsbezug und den Dynamiken eines frei schweifenden Unbewussten ergeben. Besonders greifbar wird dies bei Joseph von Eichendorff, jenem prominenten Vertreter der katholischen Romantik. In seinem Roman *Ahnung und Gegenwart* lässt Eichendorff den Protagonisten Friedrich in der »Waldeseinsamkeit« auf ein Kloster treffen, in das er, in einer für Bildungs- und Künstlerromane des

19. Jahrhunderts durchaus eigenwilligen Schlussfügung, zuletzt eintritt.[82] Dass sich sein Bruder, der wahnsinnige Rudolf, den Bekehrungsversuchen konsequent entzieht und am Ende des Romans auf seinem Weg nach Ägypten ebenfalls im Wald verschwindet, sollte jedoch zu denken geben. Denn dem christlich-deutschen Wald steht in Eichendorffs Erzählwelt immer wieder die dämonisch-heidnische, mit Statuen und Ruinen besetzte Kultur- und Gartenlandschaft entgegen: die Figuren pendeln auf ihren Wanderungen gleichsam zwischen Gottnatur und Triebnatur. Diese Raumordnung ist in Eichendorffs später Erzählung *Eine Meerfahrt* exemplarisch durchgeführt.

Die Besatzung eines spanischen Abenteuerschiffs entdeckt hier Land, wo auf den Karten nichts verzeichnet ist. Auf einer ersten, von ›Wilden‹ bewohnten Insel wird ein Kult gepflegt, den die ankommenden Schiffsleute mit beträchtlicher Angstlust als Venusverehrung dekodieren. Auf einer zweiten Insel stoßen sie auf einen alten Mann mit weißem Bart, der ihnen in Felle gekleidet und mit einer Fackel in der Hand entgegentritt. Es handelt sich um Don Diego, der Schiffbruch erlitten hatte und seither als *homme naturel* in der Wildnis lebt. Seine Geschichte erzählt er in dem abgesetzten Textstück *Geschichte des Einsiedlers*. Er hat sich – dies ist das typische Eichendorff'sche Narrativ – mit letzter Kraft von der verführerischen Venusinsel mit ihrem wilden Naturkult retten können und auf einer zweiten Insel einen christlichen Garten Gottes angelegt, in dem er nun sein frommes Eremitenleben zubringt. Den Weg zurück in die spanische Zivilisation wird er aber nicht mehr gehen. Denn seine »Felseneinsamkeit« steht für ein paradiesisches Jenseits, das er schon fast erreicht hat.[83]

Das symbolische Arrangement dieser erzählten Welten ist denkbar einfach: Einer mit Weiblichkeit und Sexualität assoziierten, meist nachts im Mondschein erlebten Natur wird die von erfrischender Morgenluft durchwehte, von christlichen Kreuzen dominierte Natur entgegenstellt.[84] Das Wesentliche der Eichendorff'schen Landschaftsbeschreibungen entzieht sich aber dieser semantischen Fixierung. Die aus den Bewegungen des Gehens, Reitens oder Fahrens heraus wahrgenommenen Naturräume zerlegen sich in fluktuierende, multisensorielle Erfahrungen, die von wechselndem Licht, wehenden Düften und einem stets wiederkehrenden, unbestimmten Rauschen geprägt sind: »Blühende Wälder rauschten herauf«, »man hörte nichts, als das Rauschen der Wasser und jenseits die Brandung im Meere«, »und die Bäume rauschten dunkel im Garten«, »die Wälder rauschten ihm wieder erfrischend entgegen« – die einigen Seiten der *Meerfahrt* entnommene Liste ließe sich beliebig verlängern.[85]

Das Rauschen der Bäume und der fließenden Gewässer nehmen einige Figuren gemäß des *natura loquitur*-Topos als das entstellte Idiom einer sprechenden Natur wahr.[86] In der erzählten Welt wird diese Natur aber nur den wenigsten verständlich. Dem Abenteurer Sanchez in *Eine Meerfahrt* etwa bleibt nur der Fluch: »Zum Teufel, red' vernehmlicher, Waldeinsamkeit«.[87]

Der Verdacht liegt nahe, dass das in Eichendorffs Texten evozierte Rauschen eher dem Plätschern der Rousseau'schen Träumereien ähnelt, aus dem kein in der Natur verborgener Gott, sondern die eigenen Wünsche und Erinnerungen sprechen.[88] Dabei scheint die Leitdifferenz in der einerseits im Zuge von Reisebewegungen durchquerten und als indistinktes Rauschen wahrgenommenen Natur, sowie andererseits einer Stillstellung dieses Schweifens und der Einkehr in einer befriedeten und tatsächlich stillen Natur zu bestehen. Als Kennworte eines derart beruhigten und befriedeten Daseins fungieren Komposita wie Wald-, Fels- oder Gebirgseinsamkeit. Ob sich in dieser Einsamkeit noch leben lässt, bleibt fraglich. In Eichendorffs *Dichter und ihre Gesellen* (1831) werden Waldeinsamkeit und Tod am deutlichsten aufeinander bezogen.

Die episodisch gebaute Abenteuer- und Reiseerzählung ist von zufälligen Begegnungen, ebenso schnellen Trennungen und überraschenden

Wiederbegegnungen eines zum Teil satirisch überzeichneten Figurenpersonals geprägt. Den übergreifenden Handlungsbogen bildet die Suche des Barons Fortunat nach Victor, den er schließlich als Einsiedler Vitalis wiederfindet. Eingeflochten ist der Lebensweg des glücklosen Romanzendichters Otto, der erst zum Theater, dann aber doch in den Wald möchte. Vitalis weist ihn ab, da ihm zum Eremitentum »die gute feste Natur« fehle.[89] Leider hatte Otto in der Einsiedelei weder auf die Natur gehört noch zu Gott gebetet, sondern melancholische Gedichte auf den Mond geschrieben und nebenher einem Dorfmädchen nachgestellt – die ironische Brechung gehört zu den Grundverfahren des Textes. Der »Gebirgseinsamkeit«[90] nachtrauernd geht Otto zurück in die Stadt, die als Ort der italienischen Gärten, weißen Marmorbilder und verführerischen Frauen angelegt ist. Am Ende begegnet er einem namenlosen Waisenkind, das wie ein »Waldvöglein« singt. Dessen Lied von der »Waldeinsamkeit« wiegt Otto in einen Schlaf, aus dem er nicht mehr erwacht. In der Rückprojektion der christlichen Spätromantik erscheint die Lebensform des Eremiten also nicht als bedenkliche Pathologie, sondern als Wunschbild, das für denjenigen, der zur strengen Askese nicht fähig ist, unerreichbar bleibt. Zu realisieren ist es allenfalls im Tod.

Tieck setzt hier in seiner späten Novelle *Waldeinsamkeit* (1841) noch einmal neu an. Auf eine Revision frühromantischer Perspektiven stimmt ein, dass das Wort Waldeinsamkeit seit der Publikation des *Blonden Eckbert* bereits seinen Weg in den Immobilienteil der Zeitungen gefunden hat: »Waldeinsamkeit zu vermieten«, so liest der Baron von Wengen an seinem Geburtstag vor.[91] Der Jenaer Kreis der Frühromantiker um Tieck und Schlegel, die von Wengen noch persönlich kannte, lebt in dem melancholischen, verträumten Protagonisten Ferdinand von Linden weiter, der in Tiecks Novelle zum Opfer einer Intrige wird. Ein Konkurrent um seine Geliebte, die reiche Erbin Sidonie, lässt Linden entführen und als Gefangenen in eine abgelegene Waldhütte bringen, in der man zuvor schon einen Geisteskranken untergebracht hatte. Was Wunsch war, ist Alptraum geworden: Linden findet sich »mitten in dieser verdammten Waldeinsamkeit«[92] wieder, in der Versatzstücke des *Blonden Eckbert* neu zusammengesetzt werden: »Bin ich denn die Figur eines bizarren, wunderlichen Märchens?«,[93] fragt er sich beim Blick aus den fest vergitterten Fenstern. Allerdings reflektiert er sich selbst nicht als Figur der Dichtung: »Ich bin selbst, sagte er zu sich, ein Vogel in einem sehr sonderbaren Käfig; nur verstehe ich es nicht, mir die Zeit durch Singen zu vertreiben.«[94] Thoreau wird sein Leben in der Hütte im Wald als selbst gesuchtes Leben in einem Käfig beschreiben, in dem die Einsperrung des Wundervogels aus dem *Blonden Eckbert* wiedergutgemacht scheint: »Such was my abode, for I found myself suddenly neighbor to the birds; not by having imprisoned one, but having caged myself near them.«[95] Linden empfindet seine Behausung, deren Wände »mit bunten Bildern geschmückt«[96] sind, als platonische Höhle. Die Waldeinsamkeit bietet eine Allegorie der menschlichen Existenz, die in die engen Wände eines beschränkenden Bewusstseins gezwungen ist.

Linden gelingt zuletzt die Flucht. Auf verschlungenen Wegen stößt er auf seinen Oheim, und alles klärt sich auf. Wenn am Ende der Erzählung das Lied von der Waldeinsamkeit nicht von einem einsamen Vogel, sondern durch »einige Stimmen« erklingt und sich die wiedervereinigten Liebenden, Linden und Sidonie, »in die hellen, von Wonne schwimmenden Augen« blicken dürfen,[97] dann ist der im *Blonden Eckbert* analysierten Pathologie des Rückzugs das Bild einer gelungenen Paarbildung entgegengestellt. Die späte Novelle korrigiert, was im frühen Kunstmärchen als bedrückende Erkenntnis am Ende stand: Nichts ist entsetzlicher als die Einsamkeit. Hingegen ist eine Waldeinsamkeit, »[d]ie mich erfreut«, eben keine reine Einsamkeit – dies deutet nebenbei der unreine Reim (*-keit / -freut*) an. Genießen lässt sie sich erst zu zweit.

Die Waldeinsamkeit und der Einsiedler als Lokalität und topische Figur der Naturerfahrung sind ganz offensichtlich fixe Ideen der deutschsprachigen Romantik. Was sich beim frühen Tieck als Geburt der romantischen Poesie aus dem Geist der Natur präsentieren mag, entpuppt sich in den spätromantischen Variationen als Programm einer je unterschiedlich strukturierten asketischen Ökonomie. Von der gescheiterten Vergesellschaftung Eck/Berthas über Serapions Leben in der Einbildung bis hin zu Eichendorffs christlichen Einsiedlern werden die Außenreize reduziert, um sich ungestört den inneren Welten zuwenden zu können. Diese können mal bedrohliche und pathologische, mal glückliche und utopische Züge tragen. Meist besteht die Pointe der Texte gerade darin, diese Doppeldeutigkeit des Naturbezugs zu entwickeln. Die in der Waldeinsamkeit aufgesuchte Natur bleibt indes eigenartig gesichtslos: Tiere und Pflanzen, Steine und Wasser, Wetter und Wolken, Tages- und Jahreszeiten gewinnen allenfalls eine stereotype Physiognomie, die zur symbolischen Dekodierung einlädt. Eine durch die poetische Subjektivität hindurchgegangene Natur enthüllt zuletzt nichts anderes als die Wünsche und Ängste der begehrenden, betenden, lesenden oder dichtenden Subjekte.

Das im Topos der ›Waldeinsamkeit‹ verdichtete Problem, Einsamkeit in Zweisamkeit oder gar in gelingende Dreisamkeit zu verwandeln und den Rückzug mit Formen der Vergesellschaftung zu verbinden, geben die romantischen Reflexionen an die Folgegeneration weiter. Was um die Mitte des 19. Jahrhunderts bei Stifter und Thoreau zusätzlich ins Problembewusstsein rücken wird, ist die dringlicher werdende Frage nach dem Verhältnis der Menschen zu dem, was in den Texten als Wildnis beschrieben wird.

Die Erfindung der Wildnis: Stifter mit Thoreau

Seine früheste Wahrnehmung, so schreibt Adalbert Stifter in *Mein Leben*, seien »dunkle Flecke« irgendwo in ihm gewesen. »Die Erinnerung sagte mir später, daß es Wälder gewesen sind, die außerhalb mir waren«.[98] Die romantische Spiegelung eines seelischen Innenraums in einen landschaftlichen Außenraum ist hier umgekehrt und auf eine entwicklungspsychologische Achse projiziert. Was als psychisches Eigenleben erschien, muss als eine vom Subjekt abgetrennte Außenwelt begriffen werden. Diese inneren waldartigen Flecken arbeitet Stifter in seinen literarischen Texten unermüdlich aus. Titel wie *Der Waldsteig*, *Der Waldgänger* oder *Der Waldbrunnen* zeigen eine beachtliche Dichte an Walderzählungen an, die in der Stifter-Rezeption entsprechend gewürdigt wurden.[99] Mit den sieben Kapiteln *Waldburg*, *Waldwanderung*, *Waldhaus*, *Waldsee*, *Waldwiese*, *Waldfels* und *Waldruine* bildet die frühe Novelle *Der Hochwald* (1841) nicht nur einen Nukleus dieser Walderzählungen. Als Geschichte von einem temporären Rückzug in das Waldesinnere knüpft Stifter hier auch an die romantischen Waldeinsamkeiten an.

Im historisierenden Setting des Dreißigjährigen Kriegs erzählt *Der Hochwald* von den beiden Schwestern Johanna und Clarissa von Wittinghausen, die von ihrem Vater aus der befestigten Burg in ein einsames Waldhaus gebracht werden, um sie vor dem Krieg in Sicherheit zu bringen. Das hochgelegene Waldgebiet verspricht, einen Schutzraum jenseits menschlicher Zugriffe und Einflussnahmen zu bieten. Der alte Gregor, mal als Waldmann, mal als Jäger bezeichnet, sorgt für die Mädchen. Mit der Figur des jungen schwedischen Grafen Ronald, der auf der Suche nach Clarissa auf die Waldlichtung gelangt, brechen die Leidenschaften und schließlich auch die Kriegshandlungen in die Erzählung ein. Denn ausgerechnet im Versuch, Clarissa zu gewinnen und zwischen den feindlichen Parteien zu vermitteln, löst Ronald eine Schlacht aus, in der die Burg Wittinghausen irreparabel zerstört wird. Wie das Schlussbild zeigt, bleiben die Schwestern unverheiratet und richten sich in der Ruine eher kümmerlich ein: Die Genealogie derer zu Wittinghausen ist beendet.[100] Warum, so möchte man fragen, vermag die abgelegene Waldnatur keinen Schutz zu bieten?

Man hat hier meist das Problem einer Liebe gesehen, die sich Stifter nur ungern als extrafamiliale, erotische Liebe vorstellen mag.[101] Ronald und

Clarissa, ausgestattet mit den für Stifters Problemfiguren charakteristischen ›lodernden‹ schwarzen Augen, verkörpern eine Intensität der Gefühle, die dem Gesetz der Natur zu widersprechen scheint. Johanna hingegen steht für die ideale »jungfräuliche Wildnis«:[102] Als das »noch unbefleckte«, »reine Werk des Schöpfers« wird sie zum Symbol einer prälapsarischen Natur stilisiert.[103] Clarissa, so ließe sich die Konstellation deuten, bringt mit ihrer exzessiven Liebe zu Ronald den Keim des Verderbens in die von Johanna verkörperte »heilige Einöde der Wildnis«.[104] Nun hat aber Gregor, der als Eingeweihter in alle Belange der Waldnatur gelten kann, gegen die Liebe zwischen Ronald und Clarissa gar nichts einzuwenden. Aus seiner Sicht entspricht es der »Natur des Menschen«, einander zu lieben.[105] Zudem erweist sich Ronald selbst als naturaffiner Waldgänger: Monatelang sei er »durch diese Wälder« gegangen, »dem wilden Hange folgend«.[106] Wilder Hang oder jungfräuliche Wildnis – die moralische Besetzung der Natur bleibt uneindeutig.

Ähnliche Komplikationen zeigen sich bei Thoreau. In *Walden* entwickelt er unter der Überschrift »Higher Laws« das Gesetz eines Lebens in der Wildnis, das sich von den Lebensgesetzen des Wilden eigentlich losmachen möchte. Während er am Walden Pond gelebt habe, sei er mehrere Male von einem wilden Trieb (»savage instinct«)

erfasst worden, nach Wild zu jagen und es roh zu verzehren.[107] Dies werde ihm sicher erneut unterlaufen, falls er sich wieder einmal länger in der Wildnis befinde.[108] Er habe nämlich in sich zwei Triebe entdeckt: einen dem wilden Menschen vergleichbaren rohen Instinkt, der in der Wildnis aktiviert wird, sowie einen höheren Trieb zur Vergeistigung, dem er mit seinem Rückzug in den Wald eigentlich folgen möchte. Auch hier findet sich eine Verdopplung der Natur, die einmal für einen wilden Trieb, einmal für eine idealisierte Reinheit steht.[109]

Die in Thoreaus *Walden* wie auch in Stifters *Hochwald* artikulierten Vorstellungen führen in den Kern einer Imaginationsgeschichte der Wildnis. Und vielleicht nicht zufällig ist Stifters Figur Ronald auch mit der amerikanischen Wildnis in Berührung gekommen: Von seiner Mutter in den »Fichtenhainen« Schwedens aufgezogen, hat Ronald nicht nur das von Stifter so oft beschriebene Dreisesselgebiet um den Plöckensteinsee zwischen Bayern und Böhmen durchstreift, sondern war auch in den noch jungen Kolonien der neuen Welt, wo er »die gränzenlosen Wildnisse des neuen Landes« gesehen hat.[110] Man hat diskutiert, ob Stifter zur Zeit der Abfassung des *Hochwald* bereits James Fennimore Coopers *Deerslayer* kannte.[111] Inwiefern Stifter dort, wo er vom Wald als ›Wildnis‹ spricht, ähnliche Vorstellungen wie die amerikanische ›wilderness‹ aktiviert, ist in der Rezeption jedoch nicht thematisiert worden. Die Problemgenese des Konzepts ›Wildnis‹ und deren Behandlung in Stifters *Hochwald* wie auch in Thoreaus *Walden* kann aber darüber Aufschluss geben, wie schwierig es ist, tatsächlich ethische Verhaltensregeln aus den vermeintlichen Gesetzen der Natur abzuleiten.

Wildnis gilt im heutigen Natur- und Landschaftsschutz als besonderer Landschaftstypus. Zugleich impliziert die Rede von der Wildnis nichts anderes als Natur im Allgemeinen. Wildnis ist da, wo man die Natur sich selbst überlässt, wo Natur sie selbst ist und bleiben darf. Mit dem Wort Wildnis, so ergibt die kulturgeschichtliche Recherche, war meist eine Gegenwelt zur menschlich besiedelten und überformten Kulturlandschaft gemeint. In der mittelalterlichen und frühneuzeitlichen Literatur ist der wilde Wald kein Wohnort, sondern eine zu durchquerende Gefahrenzone, in der sich unangenehme, mitunter klärende Begegnungen ereignen. Parzifal trifft im unwirtlichen Übergangsraum des Waldes einen Einsiedler, der ihm die Wahrheit über seine Herkunft verrät; Dante findet sich in der Mitte seines Lebens in der ›selva oscura‹, um von dort den Gang in die Unterwelt anzutreten. Zum Inventar der Wildnis gehören neben dem dunklen dichten Wald auch hohe Berge oder karge Wüsten, im 19. und 20. Jahrhundert kommen die Eisflächen der Pole und die Urwälder der tropischen Zonen dazu.[112] Je nach Einschätzung können diese Landschaften als *locus terribilis*, mithin als schrecklich, bedrohlich und furchteinflößend, oder als ursprünglich und unverdorben, als paradiesartiger *locus amoenus* beschrieben werden.[113] Zum Erfahrungsraum göttlicher Transzendenz aber auch zur Zone des Reinen und vom Menschen Unberührten überhöht, wird die Wildnis im ausgehenden 17. und 18. Jahrhundert zum moralischen Korrektiv einer als degeneriert wahrgenommenen Zivilisation. Die ästhetische Entdeckung der Alpen, die Theorien des Erhabenen und die philosophische Erfindung der ›edlen Wilden‹, zu denen auch Rousseaus *homme sauvage* gehört, bilden hier einige Wegmarken.[114]

Die Weiten des amerikanischen Kontinents erweitern auch den Bildraum einer Wildnis, die als ›wilderness‹ oder einfach nur ›the wild‹ erst zum Phantasma nationalkultureller Selbstverständigung, dann zum Maßstab von Naturschutzbewegungen wird. Neben das aus Europa mitgebrachte ›Romantic Sublime‹ tritt der amerikanische Mythos der ›frontier‹ als »the nation's most sacred myth of origin«.[115] John Muir oder Aldo Leopold, die Sierra Nevada oder den Grand Canyon vor Augen, sehen in der Wüste und den schroffen Felsen des amerikanischen (Süd-)Westens einen

Garten Eden. Eine bittere Pointe der amerikanischen ›wilderness preservation‹ liefert der Umstand, dass indigene Bevölkerungsgruppen vertrieben wurden, um Naturlandschaften herzustellen, die dann von urbanen Eliten aufgesucht und in touristisch aufbereiteter Form konsumiert werden können.[116] Der amerikanische *Wilderness Act* von 1964 formuliert dies ganz ohne Scheu. Als ›wilderness‹ bezeichnet man hier eine ausreichend große Demarkation, die primär von der Natur geformt zu sein *scheint* (»appears«).[117] Menschen dürfen durchaus eingegriffen haben, ihre Spuren sollen aber nicht bemerkbar sein. Was sich dann unter ästhetisch-landschaftlichen wie edukativen Gesichtspunkten als Wildnis qualifiziert, die man genießen oder in der man etwas lernen kann, wird ganz auf die Nutzung durch den bereits ›zivilisierten‹ Menschen zugeschnitten. Denn unter Naturschutz gestellte Areale dienen weder der Natur noch den hier zuerst lebenden Indigenen, sondern den Besuchern aus den Städten, die hier die Ausnahmeerfahrung des einsamen Lebens machen können. Der *Wilderness Act* bestimmt wild erscheinende Gegenden ausdrücklich als Rückzugsorte vor dem sozialförmig organisierten Leben der modernen Zivilisation.

Was in den USA 1964 rechtlich fixiert wurde, entsteht als Wunschbild etwa hundert Jahre zuvor. Die Ideen- und Literaturgeschichte der europäischen ›Wildnis‹ und der amerikanischen ›wilderness‹ treffen sich in den postromantischen Strömungen um die Mitte des 19. Jahrhunderts, wie sie in den Texten von Henry David Thoreau aber auch von Adalbert Stifter hervortreten. Beide schreiben ihre Waldtexte zu einem Zeitpunkt, an dem die bereits seit Jahrhunderten betriebenen Rodungen durch die Industrialisierung derart beschleunigt werden, dass die Waldreste eine gewisse Nostalgie hervorrufen. So erzählt der weißhaarige Gregor im *Hochwald* den beiden Schwestern:

> Seht, da ich ein Bube war von zwölf, dreizehn Jahren oder darüber, da waren noch größere und schönere Wälder als jetzt – Holzschläge waren gar nicht zu sehen, diese traurigen Baumkirchhöfe, weil nahe des Waldlandes wenig Hütten standen, und diese ihr Brennholz noch an den Feldern bald in diesem, bald in jenem Baume fanden, den sie umhieben, und man merkte nicht, daß einer abgehe.[118]

Entsprechend lässt Gregor beim Aufenthalt im Wald auch keinen Baum fällen, sondern sammelt ausschließlich Bruchholz. Zugleich konnte die Lichtung am Waldsee nur deshalb zum Schutzort für die Schwestern gewählt werden, weil sich hier keine freilebenden Bären und Luchse mehr antreffen lassen. Erst wenn die Wildnis an realer Bedrohlichkeit verloren hat, vermag sie Vorstellungen von einer paradiesischen Einfachheit in sich aufzunehmen. Die Verwandlung des terriblen Urwalds in einen ästhetisch ansprechenden, dem Menschen vertraut erscheinenden Lebensraum artikuliert der Text in einer Adversativkonstruktion, die um ihren inneren Widerspruch weiß: »Der Wald, wenn auch Urwald, ist so schön und traulich«.[119]

Erst am bereinigten Bild der Natur lässt sich dann ein angeblich an der Natur orientiertes Ethos gewinnen. So ist im *Hochwald* zu lesen:

> Denn es liegt ein Anstand, ich möchte sagen ein Ausdruck von Tugend in dem von Menschenhänden noch nicht berührten Antlitze der Natur, dem sich die Seele beugen muß, als etwas Keuschem und Göttlichem, – – und doch ist es zuletzt wieder die Seele allein, die all ihre innere Größe hinaus in das Symbol der Natur legt.[120]

Die Stichworte Tugend und Keuschheit zeigen es an: Im Bild der unberührten Wildnis sind die der romantischen Seelenlandschaft eingesenkten Spuren menschlicher Triebnatur getilgt worden. Nach einem von zwei Gedankenstrichen markierten Zögern wird schließlich klar, dass es sich bei diesem Maßnehmen an einer keuschen Natur um eine symbolisierende Besetzung des natürlichen Außenraums handelt. Denn tugendhaft ist nicht die Natur, sondern die Seele. Diese Einsicht deutet sich auch bei Thoreau an. »A lake«, so schreibt er in *Walden*, »is the landscape's most beautiful and expressive feature. It is earth's eye; looking into which the beholder measures the depth of his own nature«.[121] Blickt der Mensch der von ihm nicht bearbeiteten Natur tief ins Auge, dann misst er die Möglichkeiten seiner eigenen Natur aus. Als entscheidende Figur einer solchen in der Wildnis gesuchten und tatsächlich auch gelungenen (Selbst-)Erkenntnis tritt im *Hochwald* aber nicht die jungfräuliche Johanna, sondern der alte Gregor auf.

Als verwitterter, von Sonne und Wind gezeichneter ›Waldsohn‹ erinnert Gregor von Ferne an Rousseaus *homme sauvage*, etwas näher besehen auch an die christlichen Wüstenväter.[122] Er ist ein »Kleinod der Wüste«,[123] ausgezeichnet durch »eherne Einfalt und Güte«.[124] Schule dieser Tugenden war der Wald, aus dem er von seinen sonntäglichen Erkundungsgängen immer »ein gutes Gewissen [...] heimgetragen« habe.[125] Die gemeinsam verbrachte Zeit im paradiesartig hergerichteten Hochwald nutzt er für die Instruktion der ihm anvertrauten Mädchen. Gregor weist sie auf besondere Pflanzen und Tiere, ihre jahreszeitlichen Veränderungen und Verhaltensweisen hin. Dabei verbindet er einen märchenhaft-magischen mit einem empirisch-beobachtenden Zugang zur Natur. Wenn die Mädchen wissen wollen, warum die Blätter der Espe zittern, dann erzählt Gregor zuerst von seiner Großmutter überlieferte »Geister- und Zaubergeschichten«,[126] die sich wie Relikte der Eichendorff'schen Dichotomisierungen von heidnisch-unerlöster und christlich-erlöster Natur lesen. Dann fügt er aus der Beobachtung gewonnene Erklärungen an, die sich von dieser Märchenüberlieferung gelöst haben. Sein eigenes Leben entwirft Gregor als Lernentwicklung, in der er die Vorstellung von einer verzauberten und angsterregenden Natur zugunsten einer Natur abgelegt hat, in die von den Menschen keine »Fabeln« mehr hineingelegt werden.[127]

Mit einer Prosa, die ihr narratives Gerüst durch Lieder und Gedichte, Märchen und Sagen, naturphilosophische Reflexionen und Ergebnisse empirischer Beobachtung anreichert, bildet Stifters Erzählung diese Entwicklung ab und nähert sich nebenbei der generischen Vielfalt, die als Kennzeichen des *Nature Writing* gilt. Zwar handelt es sich nicht um einen mit Gedichten und Legenden durchsetzten essayistischen Ich-Text, wie dies in Thoreaus *Walden* und in der *Walden*-Nachfolge der Fall ist. *Der Hochwald* nutzt die Form der novellistischen Erzählung mit ihren differenzierten Binnenstrukturen jedoch durchaus dazu, unterschiedliche Weisen des Naturbezugs mit ihren jeweiligen Beschreibungs- und Erzählformen zu integrieren. Auch hier wird passagenweise in der Ich-Form gesprochen, und auch hier werden überlieferte Volkslieder und Erzählungen aufgenommen. Das in diesen unterschiedlichen Sprechformen kaleidoskopartig evozierte Bild der Wildnis fügt sich – und dies ist die Stärke der im *Hochwald* erprobten Erzählweise – keineswegs zu einem einheitlichen Konzept.

Auf den ersten Seiten führt ein namenloser Rahmenerzähler in den Schauplatz ein, indem er den Wald in einer geografisch exakten Beschreibung in Szene setzt. Er weiß sowohl auf die Verschiebungen und Verwerfungen des geologischen Untergrunds als auch auf die unterschiedlichen Zonen des Bewuchses und die historischen Phasen der Nutzung und Besiedlung hinzuweisen. Wo zum Zeitpunkt des Geschehens noch Wald war, in dem sich vereinzelt Köhler und Holzarbeiter einfanden, sind in der Gegenwart des Erzählrahmens Ortschaften inmitten von größeren, agrarisch genutzten Flächen anzutreffen. Die einleitende Situierung suggeriert mithin keine zeitlose Natur, sondern benennt die Vektoren ihrer Veränderung.[128] Derlei Eingriffen und Bearbeitungen ist auch der in der Binnenerzählung evozierte, paradiesisch anmutende Handlungsort nicht entzogen. Denn dort, wo im entlegenen Hochwald Wildnis und *locus amoenus* zusammentreffen, hatte der Vater schon vor dem Einsatz der Handlung ein Haus bauen lassen. Der Vater beschreibt den Töchtern dieses Werk im Anklang an die biblische Genesis-Erzählung, der freilich die Selbstsicherheit der göttlichen Schöpfungsgeste abgeht: »und ich glaube, dass es gut sei«,[129] erklärt er, wenn auch im vorsichtigen Konjunktiv, seinen Töchtern. Die hier angedeutete Unsicherheit über den Ort des Menschen in der Natur – darf man die Wildnis bewohnbar machen? – schleicht sich in die anschließenden Szenen gefühlvoller Naturbegegnungen ein, in denen die romantischen Traditionen subtil dekomponiert werden.

Mit dem Eintritt der Mädchen in den Wald war es zwar, »als ginge sachte ein neues Fühlen durch den ganzen Wald«, als »träumten« alle Lebewesen »von neuen Himmelsmelodien«.[130] Eichendorffs Topos vom Lied, das in allen Dingen schlafen soll, stellt die Binnenerzählung allerdings unter den grammatikalischen Vorbehalt des ›als ob‹. Als Johanna am ersten Morgen vom Balkon des Hauses aus auf die von Menschen kaum betretene Waldnatur blickt, da schaut die Natur in Gestalt eines Hirschs zwar durchaus zurück. Das stumpfe ›Glotzen‹ des Tiers, in dem keine Gefühlsbewegungen lesbar werden, macht jedoch die Grenzen der Kommunikation zwischen dem Mädchen und dem Tier deutlich.[131] Gregor liefert zuletzt eine klare Kritik an den Versuchen, die Natur zu einem fühlenden und dem Menschen ähnlichen Gegenüber zu stilisieren: Die meisten Menschen »können nichts bewundern, als was sie selbst gemacht haben, und nichts betrachten, als in der Meinung, es sei für sie gebildet.«[132] Alle Versuche, Mensch und Natur zu einer intuitiven Einheit zu verschmelzen, erweisen sich als vergeblich.

Gregors Naturverhältnis hingegen ist denkbar unsentimental. Als sich Ronald auf der Waldlichtung mit einem Schuss bemerkbar macht, der einen zuvor von den Mädchen bewunderten Wildvogel in den unbewegten See stürzen lässt, scheint die Tötung des Tiers kaum anstößig zu sein. Gregor hatte zuvor selbst angeboten, den Geier für die Mädchen zu schießen und recht gelassen bemerkt, dass der Raubvogel selbst Lämmer reiße, so wie das Reh eben das Gras ausrupft: »es muß wohl so eine Verordnung sein in der Welt, daß das eine durch das andre lebt«.[133] Dem aufmerksamen Naturbeobachter zeigt sich die Ökonomie der Natur an den Nahrungsketten, in denen die einen Lebewesen ihren Sinn darin finden, von anderen verzehrt zu werden, die Existenz der anderen sich daraus legitimiert, die Anzahl der Verzehrten zu dezimieren.

Zu Jagd und Fleischkonsum äußert sich Thoreau in *Walden* in »Higher Laws« – tatsächlich bildet eine Jagdszene den Auftakt zu seinem Programm asketischer Arbeit an sich selbst. Das Kapitel beginnt anekdotisch:

> As I came home through the woods with my string of fish, trailing my pole, it being now quite dark, I caught a glimpse of a woodchuck stealing across my path, and felt a strange thrill of savage delight, and was strongly tempted to seize and devour him raw; not that I was hungry then, except for that wildness which he represented.[134]

Hier wäre der temporäre Waldbewohner fast zum Wilden geworden: Das Erwachen der wilden Jagdlust, die alle zivilisatorischen Bindungen hinter sich lässt und das Gejagte gleich roh verzehren möchte, deutet Thoreau als plötzlich aufbrechenden Hunger nach dem Wilden selbst. Dem Impuls scheint er jedoch nicht nachgegeben zu haben. Stattdessen wird aus der Selbstbeobachtung des Reflexes eine moralische Reflexion. Inwiefern, so fragt sich Thoreau, ist das Töten und Essen von Tieren erlaubt und geboten? Thoreau, der sein Gewehr nicht mit in den Wald genommen hat, gibt eine entwicklungsgeschichtliche Antwort. Angehörige von »savage tribes« mögen, wie auch Kinder, durchaus jagen und Fleisch verzehren. Der zivilisierte, immer höher entwickelte und entsprechend um seine Reinheit besorgte Mensch hingegen müsse diesen Instinkt überwinden.[135] Denn nur wer keine Tiere isst, kann auch das Tier in sich überwinden: »He is blessed who is assured that the animal is dying out in him day by day, and the divine being established«.[136] Eine tierethische Kritik an der Jagd sucht man in *Walden* deshalb vergeblich. Und es darf auch daran erinnert werden, dass die soeben geangelten Fische den Vegetarier Thoreau keineswegs aus der Ruhe bringen. Der Verzicht auf Fleischkonsum argumentiert weniger mit einer Menschlichkeit, die auch den Tieren gegenüber gezeigt werden müsse, als vielmehr mit den besonderen Ansprüchen eines auf die eigene Geistigkeit gerichteten Individuums.[137]

In jüngeren Texten vom einsamen Leben in der Wildnis wird die Frage, was von der Jagd zu halten ist, auffällig häufig besprochen. Wer nicht nur von mitgebrachtem Reis oder gesammelten Wurzeln, Beeren und Kräutern leben möchte, muss Tiere schießen oder ihnen Fallen stellen. Das damit verbundene ethische Dilemma liegt auf der Hand. Einerseits kann die Jagd als besonders ursprüngliche und naturverbundene, auf beste Kenntnis des Terrains und seiner Bewohner angewiesene Praxis gelten. So gesehen wäre es ganz natürlich, Tiere zu töten und zu essen. Andererseits scheint dies die modernen Naturliebhaber einige Überwindung zu kosten. Chris McCandless bezeichnet seine Tötung eines Elchs, den er nicht ganz verzehren kann, bevor dieser von Maden befallen wird, als »one of the greatest tragedies of my life«.[138] Die entsprechenden Schlüsselstellen aus dem Kapitel »Higher Laws« sind in seinem *Walden*-Exemplar markiert. Sean Penn setzt hier in der Verfilmung von *Into the Wild* einen starken Akzent, indem er in die quälend lange Sequenz vom Zerteilen des Elchs mit Rückblenden auf die gewaltförmige Beziehung der Eltern querschneidet. Miriam Lancewood erzählt von der Trauer um jedes Tier, das sie im neuseeländischen Winter in den Bergen erlegt hat; Sylvain Tesson verzichtet ganz auf die Jagd, begreift er sich in der sibirischen Taiga doch als Gast, der keine Gewalt in den Wald tragen darf.

In forstökologischen Plädoyers für die Jagd, wie sie sich bei Aldo Leopold oder jüngst noch einmal in Wolfgang Büschers *Heimkehr* nachlesen lassen, erscheint diese Reserve als Symptom zivilisierter Entfernung von einer Natur, in der das Töten und Getötetwerden das Gesetz des (Über-)Lebens bildet. Edward Abbey verschafft ein in der Wüste von Utah selbst getöteter Hase geradezu ein Gefühl der endlich erreichten Zugehörigkeit zur Wildnis. Als Jagender macht er sich der Natur gleich, in die er als Zivilisierter eingetreten ist. Nicht länger fühle er sich abgetrennt und isoliert von dem Leben um ihn herum, in dem Raubtier und Beute aufs Intimste verbunden seien. Leben als Überleben des Einzelnen tritt hier zurück hinter einem Leben der Erde: »Long live diversity, long live the earth!«[139] Die von Stifters Gregor beobachtete »Verordnung in der Welt, daß das eine durch das andre lebt«,[140] kehrt hier im Vokabular der Biologie als Diversität wieder, in der Einzelne sterben, die Erde aber gerade darin ihr kontinuierliches Leben zeigt.

Thoreau begeistert sich zwar für eine sich selbst erneuernde, fruchtbare Welt der Natur – ihn fasziniert »the everlasting vigour and fertility of the world«.[141] Allerdings ist die fruchtbare Natur nicht das Vorbild, sondern vielmehr der Übungsraum, in dem das Ich an seiner Verwandlung arbeiten kann: »Renew thyself completely each day«.[142] Den Widerspruch zwischen asketischer Reinheit und ewiger Fertilität hebt Thoreau auf, indem er die menschliche Regenerationsfähigkeit in einem allegorischen Übersprung als vergeistigende Metamorphose vorführt: Die unermüdlich fressende Raupe sei der frühe, wilde Kindheitszustand, der Schmetterling hingegen, der mit zwei Tropfen Nektar zufrieden ist, gibt das Bild der vergeistigten Natur ab. Stifters *Hochwald*-Erzählung bemüht für die gescheiterte

Paarbildung, die zum bedrückenden Ende der Erzählung führt, ebenfalls das Bild der natürlichen Metamorphose. Gregor weist die Mädchen auf Schmetterlinge mit dem Namen ›Trauermantel‹ hin, die, wenn sie keinen Gatten finden, überwintern und im nächsten Jahr mit zerfetzten Flügeln einen Frühling erleben, der für sie keiner mehr ist. Familiengründungen misslingen offenbar auch in der Natur. Statt als trostreiches, zum gefühlvollen Rapport bereitstehendes Paradies erweist sich der Wald hier als Ort einer um das Einzelschicksal wenig bekümmerten Ordnung des Lebens und Sterbens. Stifter stellt im *Hochwald* nicht nur die romantische Waldeinsamkeit in einem Familienexperiment nach, sondern skizziert zugleich das postromantische Bild einer Natur, die den Menschen nicht nötig hat. Und so überrascht es wohl nicht, dass auch die theologische Sicherung in der Rahmenerzählung endgültig versagt.

Der abgelegene, von dichtem Wald und einer Felswand eingefasste See bildet unter dem Blick des Rahmenerzählers einen »ungeheuern schwarzen Glasspiegel«, aus dem »der Wald und die grauen Felsen, und der Himmel schauen«.[143] In der Vorstellung vom schauenden Wald, Fels und Himmel mag man noch Residuen anthropomorphisierender Belebung der Natur vermuten. Die aus dem See ›herausschauende‹ Natur adressiert aber weder Gott noch die Menschen, sondern spiegelt nur sich selbst in ihrer puren Gegenständlichkeit: Wald, Fels und Himmel blicken sich gleichsam selbst ins Gesicht. Das Innere des Waldes tritt dem Betrachter als in sich geschlossene Welt entgegen, in der er keinen rechten Platz findet. Es mag sein, dass Menschen der Natur Moral, Anstand oder Tugend unterlegen wollen – die Natur selbst bleibt von diesen Projektionen unberührt. Womöglich befällt den Rahmenerzähler deshalb am Waldsee, an dem er »[k]eine Spur von Menschenhand, jungfräuliches Schweigen« antrifft, ein »Gefühl der tiefsten Einsamkeit«.[144] Tiecks ›Waldeinsamkeit‹, in der sich das Einsamkeitsgefühl als Fremdheit unter den Menschen entpuppt, kehrt hier als trauriges Gefühl angesichts einer dem Menschen fremden Natur wieder. Von einer geglückten asketischen Selbstbeschränkung in der Natur ist nicht mehr viel zu spüren.

Daniel Botkin hat darauf hingewiesen, dass sich Thoreaus ›wilderness‹, die er gerne auch ›Wildness‹ nennt, von den späteren Konzepten eines Aldo Leopold oder John Muir in einem wichtigen Punkt unterscheidet. Während die großen, unbewohnten Wälder von Maine den wandernden Thoreau abschrecken, macht ihn ein kleines Sumpfgebiet nahe Concord glücklich, weil sich hier eine vor Lebendigkeit und Fruchtbarkeit strotzende Natur zeigt.[145] Auch Stifter sieht in der Wildnis wohl weniger eine lokal umrissene Landschaftsform, als vielmehr die Idee einer Natur, die sich durch ihre unbeirrbare Generativität, und das heißt: durch Leben *und* Sterben auszeichnet. Wenn in seiner Erzählung die Mauerreste der Wittinghausener Burg neben allen Spuren der Zerstörung auch »eine Wildniß schöner Waldkräuter in ihren Simsen tragen«,[146] dann ist Wildnis das, wo die Naturprozesse des Wachsens und Vergehens anschaulich vor Augen stehen.

In seinem Buch *Heimkehr* formuliert Wolfgang Büscher dieses Gesetz der unermüdlichen Generativität noch angesichts eines unter Stress geratenen nordhessischen Waldstücks, in dem er ein halbes Jahr verbringt. Der Wald, so resümiert er seine Beobachtung, leidet derart unter den zu trockenen und zu heißen Sommern, dass ihn Käfer und Stürme immer mehr beeinträchtigen. Und dennoch trete der Wald noch einmal als »großer Verschwender« hervor:

> Maßlos säte der Wald seinen Samen, warf damit nur so um sich, ließ ihn, versehen mit Flügelchen, fliegen, ließ ihn von Vögeln verbreiten oder herabregnen in Mengen, die die Erde bedeckten, und das alles nur, um ein paar neue Bäume zu erzeugen. Mit der Verschwendung des Waldes konnte der Mensch es nicht aufnehmen, dagegen stand er als armseliger Knauser da.[147]

Nur mit einem solchen Verständnis von Waldwildnis lässt sich erklären, wie Stifter ein tatsächlich intensiv bewirtschaftetes Waldstück zum Urwald erklären kann. So war der Plöckensteinsee, die Kulisse seiner einsamen Waldwildnis, am Ende des 18. Jahrhunderts vorübergehend aufgestaut worden, um mehr Wasser für die Schwemmkanäle des Baumschlags zu gewinnen. Wildnis ist in Stifters Verständnis kein Ort, der noch nie von Menschen betreten wurde. Vielmehr ist sie immer dort, wo man das Leben sich selbst überlässt.[148]

Im Denkhorizont der so gefassten Wildnis ist zuletzt nicht das (asketische) Leben in der Natur, sondern der Rückzug aus ihr angezeigt. Thoreau wird sein Experiment des Lebens in den Wäldern nicht wiederholen und stellt sein spätes Plädoyer für die Wildnis stattdessen ins Zeichen des ›Walking‹, jener sporadischen Exkursionen, die auch der Waldsohn Gregor unternimmt.[149] Im *Hochwald* wird genau dies zum Programm des richtigen Verhältnisses zur Waldwildnis. Als Ronald im Überschwang der vorläufigen Verlobung mit Clarissa das Waldhaus zu seinem Familiensitz machen möchte, hält Gregor ihn davon ab, die übergangsweise bewohnte Lichtung permanent zu besiedeln:

> [B]aue an dieser Stelle kein Haus, du thätest dem Walde in seinem Herzen damit wehe, und tödtetest sein Leben ab – ja wenn diese Kinder wieder in ihr Schloß gehen, dann zünde jenes hölzerne Haus an, streue Kräutersamen auf die Stelle, daß sie wieder so lieblich und schön werde, wie sie es war seit Anbeginn und der Wald über euer Dasein nicht seufzen müsse.[150]

Die Wildnis ist kein Heim der Menschen und sie wird es auch nicht werden. Gregor brennt die vom Freiherrn von Wittinghausen im Wald errichtete Hütte deshalb am Ende der Erzählung nieder, sät Waldsamen und schafft eine Wildnis, wo vorübergehend ein Rückzugsort für Menschen war. Zweierlei wird hier anschaulich. Eine um den Menschen unbekümmerte Natur bietet keinen Schutz vor den menschlichen Affekt- und Kriegsdynamiken, denen man in ihr zu entkommen sucht. Und: Am Ende ist es wohl eher diese Wildnis selbst, die zu schützen ist.

Heute ist die von Thoreau bewohnte Gegend, eingehegt im *Walden Pond State Reservation*, weitaus bewaldeter als zu Thoreaus Zeiten – wohl nicht zuletzt dank der lokalen Organisation *Walden Forever Wild*.[151] Teile des Waldes um den Dreisesselberg, der von Stifter als Urwald beschriebene Böhmerwald, sind seit 1970 als Nationalpark Bayerischer Wald geschützt.[152] Adalbert Stifter wie Henry David Thoreau sind dort Denkmäler gewidmet (Abb. 1–4). Stifter ehrt man mit einem hohen Obelisken, an Thoreau erinnern die Rekonstruktion seiner Hütte, eine Gedenktafel und ein von den Besuchenden selbst zusammengetragener Steinhaufen. An beiden Stätten finden sich Zitate aus den jeweiligen literarischen Werken, einmal in Stein graviert, einmal in Holz geritzt. Trotz der offensichtlichen Differenz der Gedenkkulturen – einmal eine Siegessäule als Emblem gründerzeitlicher Landnahme und nationalen Gedenkens, einmal ein loses Ensemble, das sich zu einer Art interaktivem Freilichtmuseum fügt – wird doch deutlich, dass die jeweiligen Gebiete nicht nur Schonräume der Natur, sondern vielmehr Erinnerungsräume einer Kultur sind, die sich ihre Wunschlandschaften nach dem Vorbild literarischer Imaginationen geschaffen hat. Wie sich in Edward Abbeys *Desert Solitaire* (1968) oder Jonathan Franzens *Farther Away* zeigt, ist man auf derlei eingehegte oder abgelegene Räume angewiesen, wenn man sich im späteren 20. und frühen 21. Jahrhundert am einsamen Leben in der Natur versuchen möchte.

Adalbert Stifter Denkmal – Obelisk Plöckensteinsee in Tschechien

Gedenktafel für Thoreau, Walden Pond, Massachusetts

Holztafel mit Zitat von Thoreau, Walden Pond, Massachusetts

Rekonstruierte Hütte mit Statue Thoreaus, Walden Pond, Massachusetts

Weiter weg: Moab, Matsushima, Masafuera

Masafuera, also *farther away*, weiter weg – so heißt die unbewohnte Insel, auf die sich Jonathan Franzen im Januar 2011 zurückzieht, um Vögel zu beobachten und nach einer ausgedehnten Arbeitsphase mit ungehemmtem Konsum von Kaffee, Alkohol und Online-Spielen wieder zu sich zu kommen. *Farther away* ist dann auch der Titel des 2011 zuerst publizierten Essays und des 2012 erschienenen Essay-Bandes, in dem sich die Selbstverständigung über eine Poetik des Romans mit dem passionierten Einsatz für den Natur- und Artenschutz verbindet. Im Zeichen das Naturschutzes steht auch *Desert Solitaire. A Season in the Wilderness*, das Edward Abbey über seine drei Sommer als Park Ranger im *Arches National Monument* nördlich der Stadt Moab in Utah schreibt. Robert Macfarlane verweist in seiner Einleitung zu diesem Buch nebenbei auf die eigenartige Verwandtschaft dieses Rückzugs mit den Lebensformen frühchristlicher Wüstenväter: Abbeys Monate in der Wüste, so vermutet Macfarlane, dienen einer Maximierung der Askese.[153] Gilbert Silvester, der Protagonist in Marion

Poschmanns Roman *Die Kieferninseln*, reist von Europa nach Japan und dort von Tokio nach Matsushima, um sich im Land des Purismus einem kulturell wie literarisch vorgeprägten Selbstexperiment zu unterziehen:

> Mönchische Askese, Zurückhaltung und Bescheidenheit, Armut im Geiste. Auch sein eigenes Projekt der Abwendung bestand darin, einen Zwischenraum zu schaffen. Einen Raum zwischen ihm und der Gesellschaft, ihm und den sozialen Konventionen, ihm und den bizarren Zwängen des allgegenwärtigen Turbokapitalismus. Eine Pilgerreise in maximaler Abgewandtheit, um zu einer Autonomie zurückzufinden, die sich stark von jener Freiheit unterschied, die dem braven Staatsbürger das Geld verlieh.[154]

Diese Reisen in Randzonen, sei es die einsame Insel, die Wüste oder eine touristisch erschlossene Küstenlandschaft, verbinden sich nicht nur mit Regeln des Verzichts und der daraus zu gewinnenden Freiheit. Abbey, Poschmann und Franzen stellen auch äußerst luzide Reflexionen auf die daran geknüpften Möglichkeiten des Schreibens an.

Edward Abbeys *Desert Solitaire* will Elegie, Grabstein und zugleich der Stein sein, der sich gegen das herrschende System schleudern lässt. Mit diesem Bild endet seine Einleitung zu dem von Wut wie Wehmut gespeisten Text. Geschrieben scheint er zum Schutz einer Wildnis, die nicht für sich selbst sprechen kann. Die anschließenden Kapitel verbinden die Schilderung von Sonnenaufgängen oder Gesteinsformationen, vom Paartanz zweier Schlangen oder der nächtlichen Jagd der Eule mit Anekdoten und Porträts menschlicher Wüstenbewohner zu einer reich nuancierten Prosa, in der feine Ironie neben holzschnittartiger Polemik, lebens- und naturphilosophische Reflexion neben Beschreibungspassagen von berückender Intensität stehen. Eine fingierte Kalendarik hält zusammen, was in der episodischen Anordnung von Erlebnissen und Beobachtungen, in Bars kursierenden Geschichten, manifestartigen Programmtexten und eigenen Erinnerungen außer Form zu geraten droht. Dabei fügen sich die in den Monatsverlauf von April bis September eingehängten Aufzeichnungen zum Protokoll eines Selbstversuchs, in dem die Parameter des Lebens in einem extremen Naturraum und die Beschreibungsmöglichkeiten dieser Erfahrung verzeichnet werden.

Die Wüste, so viel wird schnell deutlich, ist der ideale Wohnort für Einzelgänger. Wer in die Wüste geht, will niemanden sehen. Abbeys Streitgespräche mit den Touristen, die er in die Benutzung des Nationalparks einweist und deren Müll er nach langen Wochenenden entsorgt, bestätigen diesen Umstand. Weit liebevoller ist sein Blick auf die nichtmenschlichen Wüstenbewohner, die er auffällig häufig als ›lovely‹ bezeichnet. Dass in dieser Verkleinerungsform der Liebe als Paronomasie auch die Vokabel ›lonely‹ steckt, ist kein Zufall, sondern Kern des hier exponierten Begriffs des Lebens. In der Wüste sei das Leben nicht verdichtet, sondern verstreut, jede Pflanze stehe tapfer für sich allein, von der hellen Wüstensonne in klarstes Licht gesetzt: »The extreme clarity of the desert light is equaled by the extreme individuation of desert life-forms. Love flowers best in openness and freedom«.[155] Einfachheit, Freiheit und offener Raum, die im Zentrum des ethisch-asketischen Lebensentwurfs stehen, sind hier in die Kennzeichnung biologischer Lebensformen der Wüste eingetragen.

Die Ameise, dieses Lieblingstier der Staatstheoretiker, ist dem Solitär deshalb ein Grauen. Abbey tötet zwar weder Klapperschlangen noch Skorpione, tritt aber voller Verachtung in einen Ameisenhaufen, der ihm als Abbild einer vergesellschafteten, neurotischen, nicht in Freiheit lebenden Menschengemeinschaft entgegentritt.[156] »Still we live meanly, like ants«, schreibt schon Thoreau.[157] Die höchste Sozialform, zu der sich Abbey durchringen kann, ist die vorübergehende Reisegemeinschaft mit möglichst schweigsamen

Freunden. Seine kurze Kohabitation mit einer Gophernatter, die er zu sich in den Wohnwagen einlädt, um sich vor Klapperschlangen zu schützen, gibt Anlass zu weiterreichenden Reflexionen über die Rolle liebender oder eben symbiotischer Beziehungen.

Die Überschrift dieses Kapitels, »The Serpents of Paradise« kündigt die Revision eines abendländischen Mythos und seines Lokals, des Gartens Eden, an.[158] Denn Abbey will unter dem Paradies keinen grünen Garten mit Apfelbäumen und dem darunter wartenden Paarungsversprechen verstehen, sondern einen Ort, an dem sich alles versammelt, was Menschen für lebensfeindlich halten: Skorpione, Vogelspinnen und Klapperschlangen, Vulkane, Erdbeben und Treibsand, Bakterien »and yes – disease and death and the rotting of the flesh.«[159] Die Pointe dieser provokanten Verkehrung dessen, was man für gut, nützlich und deshalb paradiesisch halten möchte, ist, das menschliche Tier endlich zur Einsicht in die Randständigkeit der von ihm geschaffenen und bewohnten Zivilisation zu bringen. Es gebe, daran erinnern uns die Steinformationen der Wüste, eine andere, ältere, großartigere Welt, in der die Menschheit nur ein winziges Schiff auf einem riesigen Ozean bilde. Abbey nennt diese Erkenntnis »the shock of the real«.[160] Dieser Schock befriedigt zugleich das Verlangen nach Wirklichkeit, von dem schon Thoreau schreibt: »Be it life or death, we crave only reality«.[161]

Seinen Text *Desert Solitaire* hat Abbey auf die Induktion derartiger Realitätsschocks ausgerichtet. Den früh im Buch angekündigten Fluchtpunkt bildet eine Poesie des Faktualen: »I believe that there is a kind of poetry, even a kind of truth, in simple fact«.[162] Zur Einfachheit und Vereinzelung des individuellen wie biologischen Lebens tritt die Simplizität des Gegebenen, das sich an das Programm knüpft, die Lesenden auf eine asymbolische Faktizität zu stoßen. Statt sich in okkulten Träumereien zu verlieren, wird man in der kargen Natur zu einer Schärfung der Wahrnehmung und der Aktivierung aller Sinne getrieben. Erst dann zeigt sich die Wüste als das, was sie ist: nackt und grausam, vor allem aber radikal asemantisch, »with no meaning but its own existence«.[163] Die Klarheit und Helle der Wüstensonne, so heißt es später, vertreiben Mythos, Religion und Mystizismus: »What does it mean? It means nothing«.[164] Konsequent frustriert Abbey alle Wünsche, die ›wilderness‹ der Wüste mit Transzendenzversprechen auszustatten. Eine der wenigen Dialogpassagen – Abbey ist hier mit seinem Freund Newcomb auf Schlauchboottour durch den Glen Canyon, bevor dieser einem Dammbau zum Opfer fallen soll – stellt die existenziellen Fragen:

›Newcomb, for godsake, where do we come from?‹
›Who knows‹.
›Where are we going?‹
›Who cares‹.
›Who?‹
›Who‹.
Words fail.[165]

Die Worte stehen in diesem Wortwechsel je für sich allein wie das spärliche Leben der Wüste und der Solitär, der sie besucht. Weil die Worte ausgehen, wird das Fragewort zuletzt zur Aussage – eine Antwort bietet es indes nicht. Denn Gott tritt allenfalls noch in der alltäglichen Redewendung ›for godsake‹ auf. Die Natur gibt offensichtlich keine Antworten auf die Fragen nach dem Sinn des menschlichen Lebens.

Abbeys Beschreibungen wollen nicht nur zivilisatorisch abgestumpfte Erlebnisfähigkeiten reaktivieren, sondern führen immer wieder an den Punkt, an dem sich die menschliche Erfahrung selbst außer Kraft gesetzt sieht. Die Wüste, so heißt es an anderer Stelle, entzieht sich der Aneignung durch die Menschen, weil sich die menschliche Wahrnehmungsfähigkeit schlicht nicht zu ihrer Erfassung eigne.[166] Und so teilen sich in den dichtesten und enigmatischsten Passagen des Buchs keine subjektiven Naturerfahrungen, sondern vielmehr radikale Erfahrungen der Entsubjektivierung mit. Eines ihrer Leitmotive ist der Mond, der zuerst im ›moon-eyed horse‹, einem vor Jahren entlaufenen, nun in einem abgelegenen Canyon allein lebenden Pferd mit einem blinden Auge auftritt. Als mondfixierter ›lunatic‹ bezeichnet sich Abbey rückblickend, als er von einem fünfzehn Jahre zurückliegenden Aufenthalt im Havasu Canyon erzählt.

Die mit Studienfreunden unternommene Fahrt von der New Mexico University nach Los Angeles unterbricht er spontan und wandert allein in die Wüste. Planlos streift er durch die Landschaft, in der er aufzugehen scheint: »I slipped by degrees into lunacy, me and the moon, and lost to a certain extent the power to distinguish between what was and what was not myself: looking at my hand I would see a leaf trembling on a branch«.[167] Den letzten und äußersten Schock des Realen bildet schließlich ein Gang, auf dem der junge Abbey wieder zu sich findet. Allein, ohne Seil und ohne ausreichende Wasservorräte erkundet er eine Schlucht, aus der er sich nur durch äußerstes Glück wieder retten kann. Die Erfahrung der Fragilität des eigenen Lebens schenkt ihm einen außerordentlichen Moment des Glücks. Im letzten Satz des Kapitels, »It was one of the happiest nights of my life«,[168] enthüllt sich der Sinn des Lebens allein im Faktum des Überlebens.

Aber auch die Realität der eigenen Sterblichkeit und die Freude über das bloße Am-Leben-Sein bricht sich an der Indifferenz der Natur, mit der das Buch schließt. Ob die Wüste froh sei, wenn im Herbst die Touristen und dann auch der Park Ranger Edward Abbey verschwinden? »One more expression of human vanity«, urteilt er selbst, gehöre es doch zu den herausragenden Eigenschaften der Wüste, sich um das Kommen und Gehen der Menschen nicht zu bekümmern.[169] So ist es womöglich zuletzt ein Ziel des einsamen Lebens in der Wüste, die Grenzen subjektiver Sichtbeschränkungen aufzuheben und souverän von sich selbst abzusehen. In einem fantasierten Aufschwung – »with the wings of imagination I look down on myself through the eyes of a bird«[170] – begibt er sich auf die Flughöhe eines Vogels und sieht sich selbst als Teil der Wüste, fixiert, wüstenfarben und von der Umgebung nicht zu unterscheiden. Dies ist die nüchterne Form der ›lunacy‹, der verrückten Mondsucht, die der junge Abbey in Havasu erlebt hat und die er bei seinen saisonalen Aufenthalten in der Wüste immer wieder zu suchen scheint: »If I'm serious, and I am, the desert has driven me crazy«.[171] Das ironische Spiel mit dem allen Ernstes behaupteten Wahnwitz macht das einsame Leben in der Wüste zum Generator eines besonderen Außersichseins. Ihr Ziel ist weder ein pathologisches Kreisen in sich selbst noch ein symbiotisches Aufgehen in der Natur, sondern ein Extremzustand, in dem die subjektive Wahrnehmung zugleich geschärft und entgrenzt ist.

In den beschreibenden Passagen des Buchs dominieren deshalb auch keine Gefühle, sondern schlichte Namen:

> The very names are lovely – chalcedony, carnelian, jasper. Chrysoprase and agate. Onyx and sardonyx. Cryptocrystalline quartz, Quartzite. Flint, chert and sard. Chrysoberyl. Spodumene, garnet, zircon and malachite. Obsidian, turquoise, calcite, fealdspar, hornblende, pyrope, tourmaline, porphyry. Arkose, rutile [...].[172]

Die durch die Punkte zäsurierte Liste klingt, laut gelesen, als höre man in Verse umgebrochene poetische Rede – dem Auge bietet sie ein Stück konkreter Poesie. Gleichzeitig bildet die Aufzählung von mineralogischen Fachtermini ein Suchraster, lassen sich doch alle diese Steine in der Gegend finden, wenn man nur genau genug hinsieht.[173] Entscheidend für seine Poesie des Faktualen ist aber wohl die Anspielung auf das adamitische Namengeben als prägendes Narrativ eines sprachlichen Naturbezugs. Lange als Legitimation einer dem Menschen in die Hand gegebenen Herrschaft über die Natur aufgefasst, betont

Walter Benjamin in seiner frühen Sprachtheorie der 1920er Jahre die ontologische Dimension und damit die welterschließende Funktion des Namens. In diesem Sinn vermerkt auch Wilhelm Lehmann in seinem *Bukolischen Tagebuch*: »Namen faszinieren wie die Erscheinungen selbst«,[174] bezeugt der Name eines Dings doch »nach uraltem Glauben seine tatsächliche Existenz«.[175] In Abbeys Aufzählung von Eigennamen fügen sich präzise Beobachtung und liebevolle Hinwendung, wissenschaftliches Ordnungssystem und Lust am sprachlichen Klangmaterial zu dem, was Lehmann eine »Poesie der Genauigkeit« genannt hätte.[176]

Erstaunlich ähnlich wenn auch weit differenzierter ausgestaltet ist das Programm einer poetischen Taxonomie, das Marion Poschmann in ihrer Rede zur Thomas Kling-Poetikdozentur entworfen hat. Historische Recherchen wie auch Interviews mit Biologen haben sie belehrt: »Die Taxonomie fußt auf Regeln der Benennung, die das Chaos der Mannigfaltigkeit in überschaubare Bahnen lenken sollen«.[177] Die Taxonomie möchte, dies gilt von Carl von Linnés *systema naturae* bis zu den Wolkenstudien Luke Howards und gegenwärtigen Arbeitsgruppen zur Erforschung von Flusskrebsen, noch das Flüchtigste und schwer Bestimmbare in Typologien festhalten und sortieren. Wie Poschmanns gedichtförmig angeordnete Aufzählung von hundert Moosarten ahnen lässt, fixieren diese Benennungen Unterschiede, die nur der allergenauesten Wahrnehmung zugänglich sind. Was die Treffsicherheit dieser Namen angeht, ist die Auskunft allerdings wenig ermutigend: »Die Namen, mit denen manche Wesen geschlagen sind, scheinen nicht selten weniger aus dem Bereich der Wissenschaft als aus dem des höheren Blödsinns zu stammen«.[178] Noch schwerer wiegt, dass trotz aller Ordnungsbemühungen Zonen der Unschärfe bleiben, um die man in der Taxonomie zwar weiß, die man aber lieber aus dem Problembewusstsein verdrängen möchte.

Dichtung, gefasst als Unterscheidungskunst, kann diese Bereiche ausloten: »Eine poetische Taxonomie unternimmt es, etwas zu klassifizieren, was sich nicht klassifizieren lässt.«[179] Die Leere, das Grau oder die Fluidität atmosphärischer Zustände sind zugleich Zonen einer Inspiration, auf die sich nicht verzichten lässt, wenn man Poesie nicht als Gemachtes, sondern als etwas Wachsendes begreifen möchte, das sich mitunter ohne bewusstes Zutun der Dichtenden »organisch anreichernd« verhält.[180] Um offen für eine solche unvorhergesehene, mystisch anmutende Erfahrung zu werden, bedürfe es »der Arbeit des Autors an sich selbst«. Ziel der Übung sei nichts weniger als die »vielbeschworene Freiheit«, die

»Autonomie der Kunst«.[181] Vielleicht geht der Roman *Die Kieferninseln* den Fragen nach einer Taxonomie der Natur und den dazugehörigen Aufmerksamkeitsökonomien deshalb in Gestalt eines – wenn auch eher dilettantischen – asketischen Selbstversuchs nach.

Gilbert Silvester, die Hauptfigur des Romans, ist an einer deutschen Universität unter prekären Bedingungen als Kulturwissenschaftler beschäftigt. Eines Nachts träumt er, seine Freundin Mathilda habe ihn betrogen. Er bucht ein Flugticket nach Japan und reist spontan in ein Land, das ihm suspekter kaum sein könnte. Auf einem Bahnsteig trifft er auf den jungen Yosa – einiges spricht dafür, dass es sich hier um einen imaginären Doppelgänger handelt –, der sich das Leben nehmen möchte. Zusammen treten sie eine Reise an, die zunächst nicht zum guten Leben im Wald führen soll, sondern an einen geeigneten Ort, um sich das Leben zu nehmen. Vorbilder ihrer Fahrt sind zumindest für Gilbert herausragende Asketen, Pilger und Mönche. Die mit Yosa unternommene Suche nach einer suizidgeeigneten Stelle erweist sich schließlich als Ablenkungsmanöver, das zurück ins Leben führt. Marion Poschmanns Roman *Die Kieferninseln* ist weder Essay noch Tagebuch und erst recht kein Stein, der sich gegen Institutionen der Naturausbeutung werfen ließe. Stattdessen bietet der Roman eine traumhaft irreale und zugleich fest in der Beobachtung verankerte Erzählung von japanischer Alltagskultur und Dichtungstradition, von Städten und Wäldern, Bildern und Theater, von Leben und Tod. Nebenbei liefert der Text eine mit leichter Hand gezeichnete Karikatur des europäischen Blicks, der auf diese ›andere‹ Kultur und ihre Natur geworfen wird.

Am Anfang seiner Reise stehen für Gilbert Silvester neben einem verstörenden Traum auch einige unangenehme Fremdheitserfahrungen. Als Kaffeetrinker habe er sich bisher immer in Kaffeeländern bewegt, in denen alles offen zutage liege. Japan als Teeland hingegen sei ein Land der Mystik, des Verborgenen. Tatsächlich werden dem reisenden Europäer die merkmalslosen Oberflächen zu einem Rätsel, dem er mit steigendem Befremden gegenübertritt: Das mystische Teeland ist zugleich ein Land der sterilen Askese, die er erst zu entschlüsseln, dann nachzuahmen versucht. Gilbert erwacht in einem mit weißen Kuben zwar spärlich, aber funktional möblierten Hotelzimmer, beim ersten Gang durch die Stadt lobt er die »penible Sauberkeit der Straßen« und die »vollkommene Selbstbeherrschung« der Bewohner.[182] Dabei entspricht der »Antiseptik« der äußeren Umwelt ein ebenso hygienischer Gefühlshaushalt ohne »ungare Gefühle«.[183] Japan, so beschließt Gilbert nur wenig später, bietet den hervorragenden

Ort, um eine »geistige Reinigungstour« inklusive »asketische[m] Tee« zu unternehmen, deren Regeln er aus der Literatur bezieht.[184]

Große japanische Dichter wie Matsu Bashō oder auch Saigyō hätten ihr Leben als Pilgerfahrt begriffen, auf der Suche nach »Erkenntnis, Erlösung und Erleuchtung«.[185] So sieht es Gilbert und bemerkt:

> Das Ganze, so konnte man von Bashō lernen, mußte auf einem anderen Niveau stattfinden. Konsequente Fußmärsche. Einfachste Quartiere. Verzicht auf technische Hilfsmittel, allem voran Mobiltelefone. Erst dann erreichte man eine Haltung, die es erlauben würde, zu jenem gestrengen Über-Ich auf Distanz zu gehen, das jeden von ihnen im Alltag unter Kontrolle zu halten suchte. Eine Haltung der Souveränität und Bedürfnislosigkeit, die es schließlich erlauben würde, sich ohne große Vorbehalte anderen Dingen zuzuwenden. Dem Innenleben. Den Kiefern. Dem Mond.[186]

Der Mond bildet im Roman wie auch in anderen Texten Poschmanns die Chiffre einer an den Wahnsinn grenzenden Innerlichkeit und Spiritualität, eines traumhaft-luziden Zustands der poetischen Inspirationsbereitschaft.[187] In den *Kieferninseln* sind die asketischen Wanderdichter deshalb auch »lunatics«, Mondsüchtige:[188] »Es waren Extremisten, Asketen, verrückt nach einer bestimmten Art von Schönheit, der flüchtigen Schönheit von Blüten, der zweideutigen Schönheit von Mondlicht, der vagen Schönheit in sich zurückgezogener Landschaft«.[189] Askese grundiert hier die Möglichkeit einer Dichtung, die dem Unvorhersehbaren und Unplanbaren Raum gibt.

Den japanischen »wandernden Weisen«, »die das naturverbundene Leben in den Wäldern, ein Leben mit einfachsten Mitteln in der Einsamkeit der Berge, ein Leben auf der Wanderschaft, nur mit dem Notwendigsten ausgestattet«,[190] geführt haben sollen, kommen Gilbert und Yosa allerdings nicht so recht hinterher. Mit unbequemem Schuhwerk und unhandlichen Taschen ausgerüstet, bewegen sie sich in Schnellzügen durch die Landschaft und übernachten grundsätzlich in Hotels. Auch an einer Dichtung, die Unschärfezonen erschließen könnte, scheitert Gilbert. Noch am Flughafen kauft er sich neben Matsuo Bashōs Reisebeschreibungen auch das *Genji Monogatari*, das ›Kopfkissenbuch‹.[191] Naturorte, an denen bereits viele Gedichte verfasst worden sind, gelten hier als Kissen, auf die man sich beim Dichten stützen kann. Nach diesem Vorbild übt sich Gilbert im Verfassen von »scheinbar unpersönlich« gehaltenen Haikus.[192] Wenn neben Ort und Jahreszeit aber die Wiedergabe einer Stimmung gefordert wird, dann ist das Haiku ebenso Naturdichtung wie auch verdichtete Subjektivität – vom Ich, das auf einen äußeren Eindruck reagiert, ist schwer abzusehen.

Gilbert selbst ist unzufrieden und beklagt die »Inkonsequenz der Dichtung«,[193] die ihre Gegenstände in der Mehrdeutigkeit belässt. Seiner Ansicht nach erfordern Gedichte eine Klarheit und Ausgeglichenheit, die sich nur durch einen »inneren Selbstmord« erreichen ließe.[194] Zwar gibt ihm die aufgesuchte Natur durchaus den Anstoß, die Unterscheidungskraft der Sprache zu erproben: »Gilbert vertiefte sich in die verschiedenen Grüntöne«, heißt es, dann folgt ein Absatz mit den unterschiedlichsten Sprach- und Farbassoziationen. Die aufgezählten Farbworte – »Supermarktgrün«, »zartes Fenchelgrün«, »Sportliches Zahnpastagrün«, »biederes Ostergrasgrün«[195] – erinnern an das Moosarten-Gedicht aus Poschmanns »Kunst der Unterscheidung«, das sie selbst als »Ready Made« bezeichnet. Spätestens hier ist aber ein weiterer Satz aus Poschmanns Poetik heranzuziehen: »Nicht der mikroskopische Blick ist ausschlaggebend, der ein Moos vom anderen zu trennen weiß, sondern eine Sensibilität dafür, aus welcher emotionalen Schicht ein Wort, ein Bild stammt«.[196] Womöglich sind Gilbert diese Nuancierungen nicht zugänglich.

Wo Gilbert mit der Unentschiedenheit hadert, kann die Autorin sie als poetische Matrix fruchtbar machen. Die leere und eigenartig entfärbte Landschaft einer aus Sumpf und Gras, Nebel und Wolken bestehenden »Natur ohne besonderen Blickfang« entfaltet in den beschreibenden Passagen des Romans eine eigene Sogwirkung, die über Gilberts Programmankündigungen weit hinaus geht.[197] Während Gilbert und Yosa durch erschlossene, besiedelte und versiegelte Landschaften reisen, erscheinen insbesondere die Wolken als letztes Residuum unerschlossener Natur: »unberührt, unzugänglich, unbetretbar, trieb eine letzte naturbelassene Landschaft aus Wasserdampf und Eis, unwegsam, abgelegen und schroff, karg und verwunschen«.[198] Neben dem Grauen und Glänzenden der Wolken und nebligen Landschaften sind es aber vor allem die Wälder und Gärten mit ihren unterschiedlichen Baumbeständen, aus denen der Roman sein dominantes Farbschema gewinnt.

Am Fuß des Fuji treten Gilbert und Yosa in einen Selbstmörderwald, ein »mächtiges Blätterwesen« mit »respektgebietende[m] Rauschen« und »Wehen und Wispern« ein.[199] Obwohl oder gerade weil die Menschen hier alle Arten von Resten hinterlassen haben – ihre Autos, gelbe Absperrbänder, ihre Körper von den Bäumen hängend – erscheint der Wald den Eintretenden als unheimlich atmendes Wesen. Gilbert ist abgestoßen, handelt es sich doch um einen »Wald voller weiblicher Rotkiefern« und damit, so sinniert er mit Seitenblick auf Yosa, einen »Wald, wie geschaffen für Leute mit Mutterproblem, dunkel, verschlingend«.[200] Für sich selbst will Gilbert die in Matsushima wartende männliche Schwarzkiefer in Anspruch nehmen: »Schwarzkiefern auf einer Klippe, einsam, autark und von salziger Gischt umsprüht«.[201] In dieser simplen Aufteilung in eine weiblich-verschlingende und eine männlich-autarke Natur manifestiert sich das in vielen Berichten vom Leben in der Natur latente Wunschbild souveräner Virilität.

Im Roman fügt sich diese Entgegensetzung in eine Motivkette von der Zornes- und Blutröte des vermeintlich betrogenen Gilbert über Yosas Erlebnis mit einer Frau, die sich in einen roten Fuchs verwandeln konnte, bis zu den Rottönen herbstlich verfärbter Wälder. Gilbert erinnert sich schon früh im Roman an den Gastaufenthalt an einer kleineren US-amerikanischen Universität und Mathildas unermüdliche Suche nach den ersten Rotfärbungen der neuenglischen Wälder, denen er sich nur widerwillig angeschlossen habe – er sei grundsätzlich kein »Waldgänger«.[202] Indem der Roman mit dem Traum von einem sich rot verfärbenden Baum und der brieflichen Einladung an Mathilda, zu ihm nach Japan zu kommen, endet, schließt er den Kreis zwischen Matsushima und Massachusetts und dem assoziativ eingewobenen Vorgängertext: Thoreaus *Walden*. Seine Poetik beruht dabei wohl weniger auf einem Konzept mönchischen Verzichts und der asketischen Keuschheit, sondern auf dem Versuch, die Natur im Moment ihres Wandels und damit in ihrer unendlichen Produktivität zu erfassen. Eine äußere strenge Askese, wie Gilbert sie befolgen wollte, scheint hier wenig hilfreich – die Versenkung in die Fülle der Natur in all ihren Nuancen und Rätseln hingegen umso mehr. Die von Rousseau über die Romantik immer enger verzurrte Verbindung von Dichtung, Natur und Askese ist hier mit ruhiger Hand entknotet. Dies gilt, wenn auch in anderer Weise, auch für Jonathan Franzens Natur- und Schreibreflexionen.

Von Moab wie auch von Matsushima, von Wild West-Reminiszenzen mit Lagerfeuer, Bohnen und Speck wie auch vom fernöstlichen Exotismus des Teelandes ist Jonathan Franzens Fahrt zur Insel Masafuera im südpazifischen Ozean, etwa 850 km westlich der Küste von Chile, gleichermaßen weit entfernt. Ausgestattet mit einigen Artikeln der neuesten Generation von »ultralightweight survival gear«,[203] darunter gefriergetrocknetes veganes Chili, unternimmt Franzen eine Reise, deren Scheitern er peinlich genau verzeichnet und in selbstironischer Geste ausstellt. Bei der

Wasseraufbereitung und beim Auf- wie Abbau des sturmgebeutelten Zelts stellt er sich denkbar ungeschickt an; die Batterie des GPS-Geräts, für dessen Mitnahme er sich eigentlich schon schämt, hat er versehentlich zu früh erschöpft; auf dem Weg zu den Nistplätzen einer Vogelspezies, die er als passionierter ›birder‹ gerne sichten möchte, verirrt er sich im Nebel und muss umkehren. Weil sein Zelt durchnässt ist, zieht er in der zweiten Nacht zu seinem eigenen Verdruss in die Schutzhütte um: Das »already somewhat artificial project of solitary self-sufficiency« schien dadurch »even more artificial«.[204] Glücklich fühlt er sich erst abends, als er im Schlafsack Daniel Defoes Roman *Robinson Crusoe* lesen kann.

Masafuera wurde in den 1960ern offiziell nach dem dort wohl gestrandeten schottischen Seefahrer Alexander Selkirk umbenannt, der als Vorbild des fiktiven Robinson Crusoe gilt. Defoes Roman *Robinson Crusoe* wird zum zentralen Reflexionsmodell des Essays, in dem Franzen die Regeln des realistischen Romans aus der Robinsonade entwickelt. In Defoes Roman bilden die 28 Jahre auf der einsamen Insel nur eine von vielen abenteuerlichen Episoden. Die Schilderung des selbstversorgenden Lebens, abgefasst in Form eines Bekenntnisses, birgt aus Franzens Sicht gleichwohl einen Nukleus der modernen Romanliteratur. Autarkie und Bekenntnis scheinen ihm die Grundzutaten einer Erzählform zu sein, die sich bis in die Gegenwart hinein aus der minutiösen Beschreibung des Alltäglichen wie aus der insistierenden Selbstbefragung des künstlich isolierten Individuums speist. In die Erfahrung der Einsamkeit verlegt Franzen auch die Urszene seines eigenen Schreibens. Als Jugendlicher habe er in den Schulferien ein Zeltlager besucht, bei dem er einen Tag allein in der Natur verbringen sollte. Franzen erinnert sich an die einschneidende Erfahrung eines *horror vacui*: »Apparently, all it took for me to become aware of the emptiness of life and the horror of existence was to be deprived of human company for a few hours«.[205] Wer allein ist, verliert das sichere Bewusstsein der eigenen Identität. Nur im Schreiben vergewissert sich das Ich wieder seiner selbst und erreicht »a some halfway secure sense of my own identity, a sense achieved in solitude by putting first-person words on a page«.[206] Um diese Kopplung von Einsamkeit und Autorschaft kreiste bereits Franzens 2002 publizierte Essay-Sammlung *How to be alone*.

Das einsamkeitsinduzierte Schreiben in Ich-Form scheint ihm allerdings nach Jahren der literarischen Vernutzung biografischer Erlebnisintensitäten zum Problem geworden zu sein. Als er auf der Insel Masafuera sein Notizbuch zur Hand nimmt, gelingt ihm nur ein stichpunktartiges Notieren seiner Tätigkeiten: »But when I thought about writing confessionally, in an ›I‹ voice, I found that I was too self-conscious«.[207] Die schwer übersetzbare Mehrdeutigkeit des englischen Worts ›self-conscious‹ enthält den offenbar unvermeidlichen Umschlag vom Selbstbewusstsein in eine daraus resultierende hemmende Befangenheit. Schwierig sind also nicht nur die praktische Selbstversorgung und die psychisch-emotionale Selbstgenügsamkeit, sondern auch die schreibende Ich-Perspektive. Franzens Text *Farther Away* wäre kein Essay, wenn er diese Selbstbeobachtung nicht zu einer kulturellen Diagnose hochrechnen würde. Als ein »document of radical individualism« und zugleich als »the culture's dominant literary mode«[208] scheint der aus der Robinsonade geborene Roman im 21. Jahrhundert an sein Ende gekommen zu sein. Denn welche Rolle sollen die großen, im Druck verbreiteten Erzählformen in einer hypertroph gewordenen digitalen Unterhaltungskultur noch spielen? Und wie gestalten sich Einsamkeitserfahrungen im Zeitalter digitaler Vernetzung?

Die überraschende und wichtige Pointe seiner Analyse besteht indes nicht darin, das alte Medium des Buchs gegen neuere Unterhaltungsformen auszuspielen. Beim Besuch auf der Nachbarinsel Robinson Crusoe beobachtet Franzen, wie die Brombeere (englisch: blackberry) die autochthonen Farnarten weitgehend erstickt hat. Nicht nur die im elektronischen Endgerät des ›Black-Berry‹ kondensierte Vernetzung des Einzelnen, sondern auch der Roman, der vom England des frühen 18. Jahrhunderts aus seinen Eroberungszug angetreten habe und zur global dominanten Erzählform geworden sei, tritt ihm angesichts der wuchernden Brombeersträucher als invasive Spezies vor Augen. Die Pathologie zeigt sich in gesteigerter Weise in den Reflexionen auf seinen Freund, den 2008 verstorbenen Schriftsteller David Foster Wallace, dessen Asche er zuletzt auf einer Klippe von Masafuera verstreut. Die Übersättigung mit immer und überall verfügbaren, die Müdigkeit und Langeweile aber nur steigernden Möglichkeiten der Stimulation, die Franzen an seinem Freund beobachtet hatte, verdichten sich bei ihm selbst in der »deep mastery of computer solitaire«, die er vor der Abreise beim obsessiven Online-Spielen erreicht hat.[209] In der Reflexion auf Foster Wallaces Romane wird klar: Das von Süchten und Sehnsüchten getriebene Ich ist ein Gestrandeter, eine insulare Existenz, dessen Romane nichts anderes als Depeschen (»dispatches«) von dieser einsamen Insel des Ich waren.

Den Suizid von Foster Wallace vor Augen identifiziert Franzen für sich selbst zwei andere Auswege. Erstens den Reichtum und die Lebendigkeit menschlicher Beziehungen, gerade dort, wo sie kompliziert werden: »As long as we have such complications, how dare we be bored?«,[210] lautet der letzte Satz des Essays. Die zweite Möglichkeit wird bereits früh im Text besprochen: Es ist die Suche nach Vogelarten, die er noch nicht kennt, als »the only activity that I could absolutely count on not to bore me«.[211] Denn wie er ausführt:

> When I go looking for new bird species, I'm searching for a mostly lost authenticity, for the remnants of a world not largely overrun by human beings but still beautifully indifferent to us; to glimpse a rare bird somehow persisting in its life of breeding and feeding is an enduringly transcendent delight.[212]

Glück liegt in der Wahrnehmung einer Natur, von der man nichts will, als nur einen Blick auf sie zu erhaschen. Das ›birding‹ bietet Halt in einer Welt jenseits der eigenen Obsessionen und verschafft, so schreibt Franzen in dem Essay »Why Birds Matter«, Momente des reinen Glücks.[213] 2018 in der Essay-Sammlung *The End of the End of the Earth* erschienen, steht hier die Liebe zu den Vögeln in engem Zusammenhang mit der Debatte um die Dominanz des Klimaschutzes und den dahinter verschwindenden Ansprüchen des Landschafts- und Artenschutzes, in die sich Franzen zuvor mit einigen prominent platzierten Beiträgen eingeschaltet hatte. Sein einleitender Essay über den Essay, »The Essay in Dark Times«, blickt auf diese Debatte zurück und versucht, die eigene Position zu plausibilisieren und nachträglich zu justieren. »Why Birds Matter« legt zugleich die Ethik eines geglückten Naturbezugs dar.

Der Essay bietet ein wissensgesättigtes Plädoyer für die außerordentlich alte und vielgestaltige Welt der Vögel. In seinem ersten Teil verzeichnet und beschreibt er Vogelnamen und ihre Farben, ihre Wohnorte und Reisebewegungen, ihr Spiel- und Lernverhalten, ihre Gefährdungen und ihre erstaunlichen Adaptionen an schwieriger werdende Umweltbedingungen, verbunden mit den Zahlen und Fakten ihrer Vernichtung dort, wo sich diese Bedingungen aufgrund menschlicher Eingriffe zu schnell verändern. Die Welt der Vögel sei zugleich von einer radikalen »otherness« geprägt: »They are always among us but never of us«.[214] Der Text endet mit einem Plädoyer für die ethischen Werte, die gegen das ökonomische Wertdenken des späten Anthropozäns aufzubringen sind. Franzen argumentiert hier mit der – sicher nicht eindeutig zu belegenden, aber auch nicht endgültig zu widerlegenden – Sonderstellung des Menschen, die eine ethische Verantwortung mit sich bringt. Denn müsste uns die Fähigkeit, richtig von falsch zu unterscheiden, nicht gerade empfänglicher für die Ansprüche der Natur machen?

Seine Essays ziehen hier die Konsequenz. Sie bieten die Möglichkeit eines schreibenden Weltbezugs, der zwar radikal subjektiv sein darf und muss, und doch etwas in sich aufnehmen kann, das über das eigene Ich hinausgeht. Im Medium der Literatur lässt sich sagen, warum uns gerade die Natur, die uns nichts nützt, etwas bedeuten sollte.

Ob man sie dazu, immer weiter weg reisend, auch aufsuchen muss, lässt sich nicht sicher beantworten. Jonathan Franzen fragt sich in »Postcards from East Africa«, ob man die dort in geschützten Naturparks zusammengedrängten Tiere nicht in Fernsehdokumentationen schon genauer und besser beobachten konnte. Edward Abbeys Verachtung für den motorisierten Massentourismus der Moderne hingegen enthält die dringende Aufforderung, die Wüste zu Fuß und mit offenen Augen zu erkunden. Allerdings lassen auch die Versuche moderner Eremiten, in den letzten Resten wild gebliebener Natur zu leben, diese verwandelt zurück. Denn kaum am abgelegenen Ort angekommen, beginnen die Natursuchenden schon zu bauen: Sie fällen Bäume, errichten Unterstände oder Hütten, legen Beete an, jagen Tiere oder freunden sich zumindest mit ihnen an. Auffällig viele der hier betrachteten Texte schließen deshalb nicht nur mit der Rückkehr aus der Wildnis, sondern auch mit einem Plädoyer für den Rückzug aus der Natur. Was dennoch bleibt, sind die daraus hervorgegangenen Texte, die uns nicht in der Natur leben, sondern in ihr lesen lassen.

Anmerkungen

1 Jon Krakauer: *Into the Wild*, New York 1996, S. 67. – »›Keuschheit ist des Menschen Blüte, und was wir Genius, Heroismus, Heiligkeit nennen, sind nur die verschiedenen Früchte, die sie reifen läßt.‹« (Jon Krakauer: *In die Wildnis*, München 1997, S. 101)

2 Henry David Thoreau: *Walden Or Life in the Woods* [1854], in: ders.: *Walden, Civil Disobedience and Other Writings*, hg. v. William Rossi, New York/London 2008, S. 5–224, hier: S. 13. – »[...] ein Leben der Einfachheit, der Unabhängigkeit, der Großmut und des Vertrauens.« Henry David Thoreau: *Walden oder Leben in den Wäldern*, Zürich 2015, S. 27.

3 Statt einen Beruf zu wählen, habe sich der junge Thoreau einer »more comprehensive study« zugewandt: »the art of living well«. (Ralph Waldo Emerson: *Thoreau*, in: Henry David Thoreau: *Walden, Civil Disobedience and Other Writings*, hg. v. William Rossi, New York/London 2008, S. 394–409, hier: S. 395) – »Die Kunst des guten Lebens« (Übersetzung der Autorin).

4 Lawrence Buell: *The Environmental Imagination. Thoreau, Nature Writing, and the Formation of American Culture*, Cambridge/MA 1995; Jürgen Goldstein: *Naturerscheinungen. Die Sprachlandschaften des Nature Writing*, Berlin 2019;

Ludwig Fischer: *Natur im Sinn. Naturwahrnehmung und Literatur*, Berlin 2019.

5 Michel Foucault: *Über sich selbst schreiben*, in: ders.: *Ästhetik der Existenz. Schriften zur Lebenskunst*, Frankfurt a. M. 2007, S. 137–154, hier: S. 140. Den Kontext einer Ästhetik der Existenz verfolgt Foucault an antiken Texten besonders von Plutarch, Seneca und Marc Aurel und ihren Programmen der Selbstsorge (*epimeleia heautou*) und des damit verbundenen Wahrsprechens (*parrhesia*). Siehe Michel Foucault: *Der Mut zur Wahrheit. Die Regierung des Selbst und der anderen II. Vorlesung am Collège de France 1983/84*, Frankfurt a. M. 2012; Michel Foucault: *Die Sorge um sich. Sexualität und Wahrheit*, Bd. 3, Frankfurt a. M. 1986.

6 Thoreau: *Walden*, S. 64. – »Wir müssen lernen, wieder wach zu werden und uns wach zu erhalten«. (Thoreau: *Walden oder Leben in den Wäldern*, S. 97)

Scott Slovic hat diese Stelle zum Ausgangspunkt genommen, die Achtsamkeit (›awareness‹) und Aufmerksamkeit (›paying attention‹) der Natur als Zentralbegriffe des *Nature Writing* zu entwickeln: Schreiben über Natur schließt hier das Schreiben über die mentalen Prozesse der Naturerfahrung mit ein. Siehe Scott Slovic: *Seeking Awareness in American Nature Writing. Henry Thoreau, Annie Dillard, Edward Abbey, Wendell Berry, Barry Lopez*, Salt Lake City 1992.

7 Zur Asketik als Übung in der Lebenskunst vgl. Wilhelm Schmid: *Philosophie der Lebenskunst. Eine Grundlegung*, Frankfurt a. M. 1998, S. 325–398. Zur ethischen Dimension von Verzicht und Askese in der antiken Philosophie vgl. die immer noch grundlegende, jüngst noch einmal auf den Forschungsstand gebrachte Studie von Forschner zur Stoa. Maximilian Forschner: *Die Philosophie der Stoa. Logik, Physik und Ethik*, Darmstadt ^{2}2018, S. 163–244. Zur Geschichte der Askese vgl. Gottfried Kerscher (Hg.): *Askese im Mittelalter. Beiträge zu ihrer Praxis, Deutung und Wirkungsgeschichte*, Berlin 2010; Werner Röcke u. Julia Weitbrecht (Hg.): *Askese und Identität in Spätantike, Mittelalter und Früher Neuzeit*, Berlin/Boston 2010; Irmela Marei Krüger-Fürhoff (Hg.): *Askese. Geschlecht und Geschichte der Selbstdisziplinierung*, Bielefeld 2005.

8 Thoreau: *Walden*, S. 150. – »Die Natur ist schwer zu überwinden, und doch muß sie überwunden werden.« (Thoreau: *Walden oder Leben in den Wäldern*, S. 220)

Barbey sieht einen krassen Widerspruch zwischen der angestrebten »Harmonie mit der äusseren Welt« und der »Beherrschung der inneren Natur«. Hier setzt seine Kritik an, für die er die Dialektik der Aufklärung zu Hilfe nimmt: »Die Rodung der inneren Wälder« führe »zum Abholzen der äußeren«. (Rainer Barbey: »Anarchische Wälder. Henry David Thoreaus ›Walden; or, Life in the woods‹ und Ernst Jüngers ›Der Waldgang‹«, in: *Komparatistik* (2014–2015), S. 123–138, hier: S. 126 f.)

9 Thoreau: *Walden*, S. 150 f. – »Wir sind alle Bildhauer und Maler, und unser Material ist unser eigen Fleisch, Blut und Knochengerüst.« (Thoreau: *Walden oder Leben in den Wäldern*, S. 221)

10 Ebd., S. 65. – »Ich zog in den Wald, weil ich den Wunsch hatte, mit Überlegung zu leben, dem eigentlichen, wirklichen Leben näherzutreten, zu sehen, ob ich nicht lernen konnte, was es zu lehren hatte, damit ich nicht, wenn es zum Sterben ginge, einsehen müßte, daß ich nicht gelebt hatte. Ich wollte nicht *das* leben, was nicht Leben war; das Leben ist so kostbar. Auch wollte ich keine Entsagung üben, außer es wurde unumgänglich notwendig. Ich wollte tief leben, alles Mark des Lebens aussaugen, so hart und spartanisch leben, daß alles, was nicht Leben war, in die Flucht geschlagen wurde.« (Thoreau: *Walden oder Leben in den Wäldern*, S. 98)

11 Simone Kroschel: *›Wenig verlangt die Natur‹: Naturgemäß leben, Einfachheit und Askese im antiken Denken*, Frankfurt a. M. 2008.

12 L. Annaeus Seneca: *De otio / Über die Muße*, in: *Philosophische Schriften. Lateinisch und Deutsch*, übers. u. hg. v. Manfred Rosenbach, Bd. 2, Darmstadt 1999, S. 79–99, hier: S. 93.

13 Thoreau: *Walden*, S. 65, 72 u. 69. – »[…] den Wunsch, […] mit Überlegung zu leben, dem eigentlichen, wirklichen Leben näherzutreten«.; »Bücher müssen mit soviel Überlegung und Behutsamkeit gelesen werden, als sie geschrieben wurden.«; »[…] unsern Tag mit soviel Überlegung verleben wie die Natur«. (Thoreau: *Walden oder Leben in den Wäldern*, S. 98, 108, 104)

14 Ebd., S. 63. – »[…] mein Leben so einfach und, ich darf sagen, so unschuldig zu gestalten wie die Natur selbst.« (Thoreau: *Walden oder Leben in den Wäldern*, S. 96)

15 Sylvain Tesson: *In den Wäldern Sibiriens. Tagebuch aus der Einsamkeit*, München 2015; Miriam Lancewood: W*oman in the Wilderness. My Story of Love, Survival and Self-Discovery*, Hachette/UK 2017; Andrea Hjelskov: *Wir hier draußen. Eine Familie zieht in den Wald*, München/Hamburg 2019; Wolfgang Büscher: *Heimkehr*, Berlin 2020; Michael Finkel: *The Stranger in the Woods. The Extraordinary Story of the Last True Hermit*, New York 2017; Wolfgang Ködel u. Sabine Eichhorst: *Der Mann im Wald. Wie ich mein Leben hinter mir ließ*, München/Berlin/Zürich 2016; Éric Valli: *Leben in der Wildnis: Begegnungen mit Aussteigern*, München 2012.

16 Hier wären eher die Kommunen anzuschließen, bei denen Jan Grossarth zu Besuch war. Jan Grossarth: *Vom Aussteigen und Ankommen.*

Besuche bei Menschen, die ein einfaches Leben wagen, München 2011.

17 Tesson: *In den Wäldern Sibiriens*, S. 37.

18 Hjelskov: *Wir hier draußen*, S. 8.

19 Axel Michaels: »Wozu noch Askese?«, in: ders.: *Die Kunst des einfachen Lebens. Eine Kulturgeschichte der Askese*, München 2004, S. 118–129, hier: S. 119.

20 Ebd., S. 122 u. 126.

21 Vgl. die Beiträge des Sonderhefts *Focus: Limits to Growth*, in: *Gaia* 21/2 (2012).

22 Francesco Petrarca: *Die Besteigung des Mont Ventoux. Lateinisch/Deutsch*, übers. u. hg. v. Kurt Steinmann, Stuttgart 1995, S. 25.

23 Joachim Ritter: »Landschaft. Zur Funktion des Ästhetischen in der modernen Gesellschaft«, in: ders.: *Subjektivität. Sechs Aufsätze*, Frankfurt a. M. 1963, S. 141–163, hier: S. 146. Ruth und Dieter Groh haben die Vor- und Nachgeschichte dieser Interpretation von Jacob Burckhardt bis Karlheinz Stierle und Hans Robert Jauss rekonstruiert und gegen das sich dort steigernde Pathos die trockene Frage gesetzt: »Kann der Text des Briefes sie tragen?«. Ihre Vermutung lautet, dass es sich hier gar nicht um die »Epochenscheide in der Geschichte der ästhetischen Naturerfahrung« handelt. Siehe Ruth Groh u. Dieter Groh: »Petrarca und der Mont Ventoux«, in: *Merkur* 46 (1992), S. 290–307, hier: S. 291.

24 Petrarca: *Die Besteigung des Mont Ventoux*, S. 25.

25 Wolfgang Riedel hat die in Petrarcas Briefwerk häufiger anzutreffenden Gipfelblicke als ästhetische Sehordnung beschrieben. Von bestimmten und unbestimmten Aussichtsorten, entlang teils realer, teils aber auch vorgestellter Blickachsen zeigen sich diese bereits in der römischen Briefliteratur anzutreffenden Fernblicke sowohl als Inszenierung der ›Augenlust‹ wie auch als Beweis der rhetorisch-poetischen Kraft, etwas Abwesendes vor Augen zu stellen. Siehe Wolfgang Riedel: »Der Blick vom Mont Ventoux. Zur Geschichtlichkeit der Landschaftswahrnehmung bei Petrarca«, in: *Geschichte zwischen Erlebnis und Erkenntnis*, Jahrbuch 1999, hg. von Rainer-M. E. Jacobi, Berlin 2000, S. 123–152.

26 Francesco Petrarca: »Über das Leben in Abgeschiedenheit«, in: ders.: *Das einsame Leben*, hg. v. Franz Josef Wetz, übers. v. Friederike Hausmann, Stuttgart 2004, S. 53–237, hier: S. 59.

27 Petrarca: *Das einsame Leben*, S. 100.

28 Ebd., S. 103.

29 Ebd., S. 104.

30 Ebd.

31 Ebd., S. 103 f.

32 Seneca: *De otio / Über die Muße*, S. 89.

33 Ebd.

34 Ebd., S. 91.

35 Ebd.

36 Petrarca: *Das einsame Leben*, S. 161.

37 Ebd., S. 104.

38 Zur Bedeutung der Wüste für den frühchristlichen Asketismus vgl. Hildegard Elisabeth Keller: »Wüste. Kleiner Rundgang durch einen Topos der Askese«, in: Werner Röcke u. Julia Weitbrecht (Hg.): *Askese und Identität in Spätantike, Mittelalter und Früher Neuzeit*, Berlin/Boston 2010, S. 191–206.

39 Petrarca: *Das einsame Leben*, S. 135.

40 Thoreau: *Walden*, S. 57. – »Bleibe nicht dort stehen, um ein Aufseher für die Armen zu sein, sondern versuche, einer der Würdigsten auf Erden zu werden.« (Thoreau: *Walden oder Leben in den Wäldern*, S. 86)

41 Seneca: *De otio / Über die Muße*, S. 87.

42 Petrarca: *Das einsame Leben*, S. 232.

43 Tesson: *In den Wäldern Sibiriens*, S. 46.

44 Ebd., S. 55.

45 Petrarca: *Das einsame Leben*, S. 237.

46 Ebd., S. 104.

47 Jean-Jacques Rousseau: *Abhandlung über den Ursprung und die Grundlagen der Ungleichheit unter den Menschen*, übers. u. hg. v. Philipp Rippel, Stuttgart 1998, S. 36.

48 Ebd.

49 Ebd., S. 40.

50 Ebd., S. 36.

51 Ebd.

52 Ebd., S. 37.

53 Ebd., S. 112.

54 Jean-Jacques Rousseau: *Träumereien eines einsamen Spaziergängers*, übers. v. Ulrich Bossier, hg. v. Jürgen v. Stackelberg, Stuttgart 2003, S. 85.

55 Ebd., S. 82.

56 Ebd., S. 83.

57 Ebd., S. 88.

58 Ebd., S. 93.

59 Ebd., S. 96.

60 Rousseau: *Abhandlung über den Ursprung*, S. 67.

61 Rousseau: *Träumereien*, S. 96.

62 Thoreau: *Walden*, S. 29. – »Die Einfachheit und Nacktheit im Leben des Menschen in der Urzeit«. (Thoreau: *Walden oder Leben in den Wäldern*, S. 47)

63 Krakauer: *Into the Wild*, S. 76. – »Ich trat mein Erwachsenenleben mit der Hypothese an, daß es möglich sei, ein Steinzeitmensch zu werden. Über dreißig Jahre lang programmierte ich mich und übte mich darin, dieses Ziel zu erreichen. Ich glaube mit Fug und Recht von mir behaupten zu können, in den letzten zehn Jahren die physische, mentale und emotionale Realität der Steinzeit hautnah erlebt zu haben. Aber, wie die Buddhisten zu sagen pflegen, am Ende steht der Mensch Auge in Auge mit der nackten Realität. Ich mußte erkennen, daß es

dem Menschen so, wie wir ihn kennen, nicht möglich ist, nur von dem zu leben, was die Natur uns schenkt.« (Krakauer: *In die Wildnis*, S. 114)

64 Valli: *Leben in der Wildnis*, S. 89.

65 Ludwig Tieck: *Der Blonde Eckbert*, in: ders.: *Schriften in zwölf Bänden*, hg. v. Manfred Frank u. a., Bd. 6: Phantasus, Frankfurt a. M. 1985, S. 126–148, hier: S. 132. Wie Detlev Kremer formuliert hat, ist die Waldeinsamkeit »einer der Quellcodes des romantischen Diskurses«. (Detlev Kremer: »Einsamkeit und Schrecken. Psychosemiotische Aspekte von Tiecks Phantasus-Märchen«, in: ders. (Hg.): *Die Prosa Ludwig Tiecks*, Bielefeld 2003, S. 53–68, hier: S. 61) Als solcher ist die Waldeinsamkeit sehr viel mehr als nur ein Durchgangsort im Prozess der Individuation, wie Klimek ihn sieht. Siehe Sonja Klimek: »Waldeinsamkeit. Literarische Landschaft als transitorischer Ort bei Tieck, Stifter, Storm und Raabe«, in: *Jahrbuch der Raabe-Gesellschaft* (2012), S. 99–126. Treffender fasst es Stefan Nienhaus, der den *Blonden Eckbert* als »kritische Darstellung des Kerkers der reinen Poesie« liest. (Stefan Nienhaus: »›Waldeinsamkeit‹. Zur Vieldeutigkeit von Tiecks erfolgreichem Neologismus«, in: Walter Pape (Hg.): *Raumkonfigurationen in der Romantik*, Tübingen 2009, S. 153–160, hier: S. 159)

66 Tieck: *Der Blonde Eckbert*, S. 139.

67 Ebd., S. 145.

68 Ebd., S. 134.

69 Ebd., S. 145.

70 Ebd.

71 Ebd., S. 126.

72 Georg Simmel: *Soziologie. Untersuchungen über die Formen der Vergesellschaftung*, in: ders.: *Gesamtausgabe*, hg. v. Otthein Rammstedt, Frankfurt a. M. 1992, S. 96. Dies gilt auch für die Freiheit, die Simmel gerade nicht aus der »bloßen Abwesenheit von Beschränkung durch andere Wesen« ableitet, wie sie »ein christlicher oder indischer Eremit, ein einsamer Siedler im germanischen oder amerikanischen Walde [...] genießen« mag. (Ebd., S. 98) Freiheit ist für Simmel vielmehr ein permanenter Prozess der Befreiung von sozialen Bindungen.

73 E. T. A. Hoffmann: *Die Serapionsbrüder*, in: ders.: *Sämtliche Werke in sechs Bänden*, hg. v. Hartmut Steinecke u. a., Bd. 4, Frankfurt a. M. 2001, hier: S. 29.

74 Hoffmann: *Die Serapionsbrüder*, S. 31.

75 Ebd., S. 21. Diesen Umstand betont Tanja Nusser: Wenn von asketischer Sorge um sich die Rede sein könnte, dann nur in Bezug auf Cyprian und seinen Anspruch, Serapion zu heilen. (Tanja Nusser: »Serapions Wüsten. Anmerkungen zu einem Heiligen bei E. T. A. Hoffmann«, in: Irmela Marei Krüger-Fürhoff (Hg.):

Askese. Geschlecht und Geschichte der Selbstdisziplinierung, Bielefeld 2005, S. 191–205, hier: S. 205.

76 Hoffmann: *Die Serapionsbrüder*, S. 27.

77 Ebd., S. 30.

78 L. Annaeus Seneca: *De tranquillitate animi / Über die Seelenruhe*, in: *Philosophische Schriften. Lateinisch und Deutsch*, übers. u. hg. v. Manfred Rosenbach, Bd. 2, Darmstadt 1999, S. 101–173, hier: S. 111.

79 Hoffmann: *Die Serapionsbrüder*, S. 33.

80 Ebd.

81 Hier gilt, was Peter Gendolla für die künstlerische Auseinandersetzung mit den Versuchungen des Heiligen Antonius gezeigt hat. Siehe Peter Gendolla: *Phantasien der Askese. Über die Entstehung innerer Bilder am Beispiel der ›Versuchung des heiligen Antonius‹*, Heidelberg 1991. Niklaus Largier hat aus der Dynamik asketischer Verknappung und Verfeinerung des Genusses eine besondere Ästhetik der Dekadenz abgeleitet. Siehe Niklaus Largier: *Die Kunst des Begehrens. Dekadenz, Sinnlichkeit und Askese*, München 2007.

82 Joseph von Eichendorff: *Ahnung und Gegenwart*, in: ders.: *Werke*, hg. v. Ansgar Hillach u. Jost Perfahl, Bd. 2, München 1978, S. 7–292, hier: S. 274.

83 Joseph von Eichendorff: *Eine Meerfahrt*, in: ders.: *Werke*, hg. v. Ansgar Hillach u. Jost Per-

fahl, Bd. 2, München 1978, S. 739–793, hier: S. 790.

84 Oskar Seidlin: »Eichendorffs symbolische Landschaft«, in: Paul Stöcklein (Hg.): *Eichendorff heute. Stimmen der Forschung*, Darmstadt ²1966, S. 218–242.

85 Eichendorff: *Eine Meerfahrt*, S. 750, 753, 756, 759.

86 Alexander von Bormann: *Natura loquitur. Naturpoesie und emblematische Formel bei Joseph von Eichendorff*, Tübingen 1968.

87 Eichendorff: *Eine Meerfahrt*, S. 761.

88 Cornelia Zumbusch: »Raum der Seele. Topographien des Unbewußten in Joseph von Eichendorffs ›Eine Meerfahrt‹«, in: *Räume der Romantik*, hg. v. Inka Mülder-Bach und Gerhard Neumann, Würzburg 2007, S. 197–216.

89 Joseph von Eichendorff: *Dichter und ihre Gesellen*, in: ders.: *Werke*, hg. v. Ansgar Hillach u. Jost Perfahl, Bd. 2, München 1978, S. 293–508.

90 Eichendorff: *Dichter und ihre Gesellen*, S. 466.

91 Ludwig Tieck: *Waldeinsamkeit. Novelle*, in: ders.: *Schriften in zwölf Bänden*, hg. v. Manfred Frank u. a., Bd. 12: 1836–1852, hg. v. Uwe Schweikert, Frankfurt a. M. 1986, S. 857–936.

92 Tieck: *Waldeinsamkeit*, S. 893. Christine Maillard: »Gespaltene Welt, integrierte Welt. Ludwig Tieck, zur Problematik der Individuation in den Märchen und in der Novelle ›Waldeinsamkeit‹ (1841)«, in: *Recherches Germaniques*

23 (1993), S. 63–91. Zum Experimentalcharakter vgl. Marcus Krause u. Nicolas Pethes: »Forstwissenschaft. Der Wald als Experimentalraum bei Tieck und Thoreau«, in: *Aurora* 64 (2004), S. 102–123.

93 Tieck: *Waldeinsamkeit*, S. 880.

94 Ebd., S. 886.

95 Thoreau: *Walden*, S. 61. – »So war meine Wohnung nicht, denn ich war plötzlich den Vögeln ein Nachbar geworden, nicht indem ich sie einsperrte, sondern indem ich meinen Käfig in ihre Nähe versetzte.« (Thoreau: *Walden oder Leben in den Wäldern*, S. 93)

96 Tieck: Waldeinsamkeit, S. 881.

97 Ebd., S. 935.

98 Adalbert Stifter: *Mein Leben*, in: ders.: *Gesammelte Werke in vierzehn Bänden*, hg. v. Konrad Steffen, Bd. 14, Basel/Stuttgart 1992, S. 116–121, hier: S. 118.

99 Den wichtigsten Beitrag bietet hier Christian Begemann: »Waldungen/Rodungen. Kulturation und Poetologie bei Adalbert Stifter«, in: Davide Giuriato u. Sabine Schneider (Hg.): *Stifters Mikrologien. Abhandlungen zur Literaturwissenschaft*, Stuttgart 2019, S. 169–202. Vgl. auch die Aufsätze in: Walter Hettche u. Hubert Merkel (Hg.): *Waldbilder. Beiträge zum interdisziplinären Kolloquium ›Da ist Wald und Wald und Wald‹ (Adalbert Stifter)*, München 2000. Einen Abriss der Forschung bietet Klara Schubenz:

»Botanik/Wald«, in: Christian Begemann u. Davide Giuriato (Hg.): *Stifter Handbuch. Leben – Werk – Wirkung*, Stuttgart 2017, S. 257–262. Für einen Überblick über Wald- und Forstwissen in der Literatur des Realismus vgl. außerdem Jana Kittelmann: »›Der Wald aber ist nicht ewig‹. Forstwissenschaftliche Themen in der Literatur des Realismus«, in: Claudia Schmitt u. Christiane Solte-Gresser (Hg.): *Literatur und Ökologie. Neue literatur- und kulturwissenschaftliche Perspektiven*, Bielefeld 2017, S. 347–359.

100 Ein ähnlich gelagertes Problem des in der Natur gesuchten Schutzes arbeitet Stifter auch in der Erzählung *Granit* aus. Auf der Flucht vor der Pest begibt sich hier ein Mann mit seinem gesamten Hausstand hoch in den Bergwald, nur um dort an der mitgebrachten oder auf anderen rätselhaften Wegen zu ihm gelangten Krankheit zu versterben. Wenn sich an diesem Ort tief im Wald aber eine Rettungsgeschichte entspinnt, in der ein übriggebliebenes Kind ein anderes Kind findet, pflegt, und schließlich zurück in die Zivilisation führt, dann ist die Vorstellung von einem heilen Naturort in *Granit* keineswegs nur demontiert, sondern am Ende bestätigt. Diese doppelte Bewegung zeichnet sich auch im *Hochwald* ab.

101 Diese Dimension ist in der Forschung oft kommentiert und auf die biedermeierlichen Ge-

schlechter- und Liebeskonzepte bezogen worden. Wolfgang Lukas: »›Gezähmte Wildnis‹. Zur Rekonstruktion der literarischen Anthropologie des ›Bürgers‹ um die Mitte des 19. Jahrhunderts«, in: Achim Barsch u. Peter M. Hejl (Hg.): *Menschenbilder. Zur Pluralisierung der Vorstellung von der menschlichen Natur (1850–1914)*, Frankfurt a. M. 2000, S. 335–375.

102 Adalbert Stifter: *Der Hochwald*, in: ders.: *Werke und Briefe. Historisch-kritische Gesamtausgabe*, hg. v. Alfred Doppler, Wolfgang Frühwald u. Hartmut Laufhütte, Stuttgart u. a. 1978 ff., Bd. I/1, S. 192–299, hier: S. 299.

103 Stifter: *Der Hochwald*, S. 205.

104 Ebd., S. 238.

105 Ebd., S. 275.

106 Ebd., S. 257.

107 Thoreau: *Walden*, S. 143. – »Ein- oder zweimal jedoch kam es, während ich im Walde lebte, vor, daß ich mich dabei ertappte, wie ich gleich einem halbverhungerten Jagdhund den Wald durchstreifte, um nach irgendeinem Wildbret zu suchen, das ich verschlingen könnte […]. Ich fand in mir damals und auch jetzt noch den Trieb nach einem höheren, oder wie man es nennt, geistigen Leben, wie ihn die meisten Menschen haben, und einen andern nach einem primitiven und wilden Leben; ich achte sie beide.« (Thoreau: *Walden oder Leben in den Wäldern*, S. 210)

108 Ebd., S. 146. – »Ich weiß aber, daß ich, wenn ich in einer Einöde wohnte, wieder in Versuchung geraten würde, ein echter Jäger und Fischer zu werden.« (Thoreau: *Walden oder Leben in den Wäldern*, S. 214)

109 Zu Thoreaus Sakralisierung von ›Wilderness‹ und ›the Wild‹ vgl. John Gatta: *Making Nature Sacred: Literature, Religion, and Environment in America from the Puritans to the Present*, New York 2004.

110 Stifter: *Der Hochwald*, S. 268.

111 Barton W. Brown: »Cooper's Influence on Stifter Fact or Scholarly Myth?«, in: *MLN* 89 (1974), S. 821–828.

112 Uwe Lindemann: *Die Wüste. Terra incognita – Erlebnis – Symbol. Eine Geneaolgie der abendländischen Wüstenvorstellungen in der Literatur von der Antike bis zur Gegenwart*, Heidelberg 2000.

113 Klaus Garber: *Der locus amoenus und der locus terribilis. Bild und Funktion der Natur in der deutschen Schäfer- und Landlebendichtung des 17. Jahrhunderts*, Köln 1974.

114 Urs Bitterli: *Die ›Wilden‹ und die ›Zivilisierten‹: Grundzüge einer Geistes- und Kulturgeschichte der europäisch-überseeischen Begegnung*, München 2004; Terry Jay: *The myth of the Noble Savage*, Berkeley/CA 2001; Carsten Zelle: *›Angenehmes Grauen‹. Literaturhistorische Beiträge zur Ästhetik des Schrecklichen im achtzehnten Jahrhundert*, Hamburg 1987; Patrick Stoffel:

Die Alpen. Wo die Natur zur Vernunft kam, Göttingen 2018.

115 William Cronon hat die Geschichte dieses Konzepts einer ›wilderness‹ als göttlichem, von Menschen unberührtem Ort skizziert. William Cronon: »The Trouble with Wilderness; or, Getting Back to the Wrong Nature«, in: *Environmental History* 1/1 (1996), S. 7–28, hier: S. 13.

116 Vgl. William Cronon: »In Search of Nature«, in: ders. (Hg.): *Uncommon Ground. Rethinking the Human Place in Nature*, New York 1996, S. 23–68.

117 »An area of wilderness is further defined to mean in this Act an area of undeveloped Federal land retaining its primeval character and influence, without permanent improvements or human habitation, which is protected and managed so as to preserve its natural conditions and which (1) generally appears to have been affected primarily by the forces of nature, with the imprint of man's work substantially unnoticeable; (2) has outstanding opportunities for solitude or a primitive and unconfined type of recreation; (3) has at least five thousand acres of land or is of sufficient size as to make practicable its preservation and use in an unimpaired condition; and (4) may also contain ecological, geological, or other features of scientific, educational, scenic, or historical

value.« (THE WILDERNESS ACT. Public Law 88–577 (16 U.S.C. 1131–1136) 88th Congress, Second Session September 3, 1964 (As amended), abrufbar unter: {https://winapps.umt.edu/winapps/media2/wilderness/NWPS/documents/publiclaws/The_Wilderness_Act.pdf}, letzter Zugriff: 19.4.2022). – »Ein Gebiet wird in diesem Gesetz weiterhin als Wildnis definiert als ein Gebiet von unbebautem öffentlichem Land, das seinen ursprünglichen Charakter und Einfluss bewahrt hat, ohne ständige Verbesserungen oder menschliche Besiedlung, das derart geschützt und verwaltet wird, dass seine natürlichen Bedingungen erhalten werden, und das (1) grundsätzlich so wirkt, als sei es in erster Linie von den Kräften der Natur beeinflusst worden, wo also die Spuren des menschlichen Wirkens im Wesentlichen unbemerkt bleiben; das (2) hervorragende Möglichkeiten für Einsamkeit oder eine primitive und uneingeschränkte Art der Erholung bietet; dass (3) mindestens fünftausend Hektar Land umfasst oder so groß ist, dass sich seine Erhaltung und Nutzung in einem ungestörten Zustand umsetzen lässt; und das (4) auch ökologische, geologische oder andere Merkmale von wissenschaftlichem, erzieherischem, landschaftlichem oder historischem Wert enthalten kann.« (Übersetzung der Autorin)

118 Stifter: *Der Hochwald*, S. 192–299, hier: S. 246.
119 Ebd., S. 210.
120 Ebd., S. 224.
121 Thoreau: *Walden*, S. 128. – »Ein See ist der schönste und ausdrucksvollste Zug einer Landschaft. Er ist das Auge der Erde. Wer hineinblickt, ermißt an ihm die Tiefe seiner eigenen Natur.« (Thoreau: *Walden oder Leben in den Wäldern*, S. 188)
122 Stifter: *Der Hochwald*, S. 226.
123 Ebd., S. 227.
124 Ebd., S. 220 f.
125 Ebd., S. 226.
126 Ebd., S. 242
127 Ebd., S. 251.
128 Hier gilt, was Erhard Schütz mit Bezug auf eine Literaturgeschichte des Waldes formuliert hat: »Der Wald ist nie einfach das Andere, Nichtbeschreibbare der Zivilisation, sondern immer schon unter gesellschaftlicher Kodierung. Er ist immer schon durchzogen von Mustern der kulturellem Selbstdeutung. Mit anderen Worten: Er spiegelt immer zugleich die Ordnung der Kultur.« Erhard Schütz: »›… in den Wäldern selig verschollen‹. Waldgänger in der deutschen Literatur seit der Romantik«, in: *Pressburger Akzente* 2012, S. 9–37, hier: S. 13.
129 Stifter: *Der Hochwald*, S. 210–211.
130 Ebd., S. 243.

131 »Verwundert, betroffen und wohlgefällig sah sie auf das edle Thier, das seinerseits auch mit den unbeweglichen neugierigen Augen herüberglotzte auf das neue Wunderwerk der Wildniß.« (Stifter: *Der Hochwald*, S. 237)

132 Ebd., S. 251.

133 Ebd., S. 247.

134 Thoreau: *Walden*, S. 143. – »Als ich, den Angelstecken hinter mir herschleifend, mit meinen Fischen durch den Wald nach Hause ging und es schon ganz dunkel war, sah ich gerade noch ein Murmeltier, das sich über meinen Pfad hinüberschlich; ich fühlte einen eigentümlichen Schauer wilder Freude und die Versuchung, es zu packen und roh zu verzehren; nicht, daß ich hungrig gewesen wäre, es sei denn nach jener Wildheit, die es in sich verkörperte.« (Thoreau: *Walden oder Leben in den Wäldern*, S. 210)

135 Ebd., S. 145. – »[…] so bezweifle ich nicht, daß es einen Teil der menschlichen Bestimmung in ihrer allmählichen Entwicklung bildet, einst auf das Verzehren von Tieren zu verzichten; haben doch auch die Wilden aufgehört, sich untereinander aufzufressen, sobald sie in Berührung mit zivilisierten Völkern kamen.« (Thoreau: *Walden oder Leben in den Wäldern*, S. 215 f.)

136 Ebd., S. 149. – »Selig der, welcher sicher sein kann, daß das Tier in ihm Tag für Tag abstirbt und das Göttliche sich befestigt.« (Thoreau: *Walden oder Leben in den Wäldern*, S. 219)

137 Fleisch zu essen sei »essentially unclean«. (Thoreau: *Walden*, S. 146)

138 Krakauer: *Into the Wild*, S. 166. – »›Einer der schlimmsten Irrtümer meines Lebens.‹« (Krakauer: *In die Wildnis*, S. 248)

139 »No longer do I feel so isolated from the sparse and furtive life around me, a stranger from another world. I have entered into this one. We are kindred all of us, killer and victim, predator and prey, me and the sly coyote, the soaring buzzard, the elegant gopher snake, the trembling cottontail, the foul worms that feed on our entrails, all of them, all of us.« (Edward Abbey: *Desert Solitaire. A Season in the Wilderness* [1968], London 2018, S. 67) – »Lang lebe die Vielfalt, lang lebe die Erde!« (Edward Abbey: *Die Einsamkeit der Wüste*, übers. v. Dirk Höfer, Berlin 2016, S. 54)

140 Stifter: *Der Hochwald*, S. 247.

141 Thoreau: *Walden*, S. 64.

142 Ebd., S. 63. – »›Erneuere dich selbst jeden Tag‹«. (Thoreau: *Walden oder Leben in den Wäldern*, S. 96)

143 Stifter: *Der Hochwald*, S. 195.

144 Ebd., S. 194 f.

145 Daniel B. Botkin: *No Man's Garden. Thoreau and a New Vision for Civilization and Nature*, Washington, D. C. 2001, bes. Kap. 14: »Creating Wilderness«, S. 155–160; Jane Bennett: *Thoreau's Nature: Ethics, Politics, and the Wild*, Thousand Oaks/CA 1994.

146 Stifter: *Der Hochwald*, S. 197.

147 Büscher: *Heimkehr*, S. 185.

148 Auch aus heutiger landschaftsgeografischer Perspektive gilt Wildnis insofern als Kulturlandschaft, als es sich um kulturelle Entscheidungen handelt, gewisse Landschaftsabschnitte sich selbst zu überlassen. Dabei sind nicht nur die im Bundesnaturschutzgesetz festgehaltenen Kriterien der Naturlandschaft derart beschaffen, dass auch forst- und landwirtschaftlich geprägte Gegenden als Biosphärenreservate gelten und geschützt werden können. Vor allem gilt, »dass dem dort verfolgten Schutz unbeeinflusster natürlicher dynamischer Prozesse und damit der Erhaltung oder Entstehung von Naturlandschaften eine gesellschaftliche und politische, sprich kulturelle Entscheidung vorausgeht – so dass in diesem Sinne auch Naturlandschaften Kulturlandschaften wären.« (Stefan Heiland: »Kulturlandschaft«, in: Olaf Kühne u. Florian Weber u. a. (Hg.): *Handbuch Landschaft*, Wiesbaden 2019, S. 655)

149 Henry David Thoreau: *Walking*, in: ders.: *Walden, Civil Disobedience and Other Writings*, hg. v. William Rossi, New York/London 2008, S. 260–287.

150 Stifter: *Der Hochwald*, S. 277.

151 Genauer nachzulesen in Robert Sattelmeyer: »Depopulation, Deforestation, and the Actual

Walden Pond«, in: Richard J. Schneider (Hg.): *Thoreau's Sense of Place. Essays in American Environmental Writing*, Iowa City 2000, S. 235–243. Sattelmeyer macht auch auf häufig überlesene Stellen in *Walden* aufmerksam, in denen von den vormaligen Besiedlungen des Walden Pond die Rede ist: darunter die Shanties der irischen Railroad-Arbeiter, die ›rural slums‹ der freigelassenen Sklaven und nicht zuletzt die Brandrodungen der ackerbaubetreibenden indigenen Bevölkerung.

152 Gisela Kangler: »Von der schrecklichen Waldwildnis zum bedrohten Waldökosystem – Differenzierung von Wildnisbegriffen in der Geschichte des Bayerischen Waldes«, in: Thomas Kirchhoff u. Ludwig Trepl (Hg.): *Vieldeutige Natur. Landschaft, Wildnis und Ökosystem als kulturgeschichtliche Phänomene*, Bielefeld 2009, S. 263–278.

153 Es sei »crookedly kindred with the practice of the early Christian Desert Fathers and Mothers, who removed themselves to remote desert places in order to maximise *askesis*«. (Robert Macfarlane: »Introduction«, in: Edward Abbey: *Desert Solitaire. A Season in the Wilderness* [1968], London 2018, S. 1–14, hier: S. 5)

154 Marion Poschmann: *Die Kieferninseln. Roman*, Berlin 2017.

155 »[L]ife is not crowded upon life as in other places but scattered abroad in spareness and

simplicity, with a generous gift of space for each herb and bush and tree, each stem of grass, so that the living organism stands out bold and brave and vivid against the lifeless sand and barren rock«. (Abbey: *Desert Solitaire*, S. 47) – »Die extreme Klarheit des Wüstenlichts findet ihre Entsprechung in den extrem individuierten Lebensformen der Wüste. Liebe erblüht am Besten in Offenheit und Freiheit.« (Abbey: *Die Einsamkeit der Wüste*, S. 44)

156 »Don't actually care for ants. Neurotic little pismires. Compared to ants the hairy scorpion is a beast of charm, dignity and tenderness.« (Abbey: *Desert Solitaire*, S. 48)

157 Thoreau: *Walden*, S. 65. – »Noch immer leben wir niedrig wie Ameisen«. (Thoreau: *Walden oder Leben in den Wäldern*, S. 98)

158 Abbey: *Desert Solitaire*, S. 35. – »Paradiesschlangen«. (Abbey: *Die Einsamkeit der Wüste*, S. 31)

159 »Now when I write of paradise I mean Paradise, not the banal Heaven of the saints. When I write ›paradise‹ I mean not only apple trees and golden women but also scorpions and tarantulas and flies, rattlesnakes and Gila monsters, sandstorms, volcanos and earthquakes, bacteria and bear, cactus, yucca, bladderweed, ocotillo and mesquite, flash floods and quicksand«. (Abbey: *Desert Solitaire*, S. 207) – »Wenn ich Paradies schreibe, dann meine ich nicht nur Apfelbäume [...] und ja, auch Krankheit und

Tod und verwesendes Fleisch.« (Abbey: *Die Einsamkeit der Wüste*, S. 212)

160 »A weird, lovely, fantastic object out of nature like Delicate Arch has the curious ability to remind us – like rock and sunlight and wind and wilderness – that out there is a different world, older and greater and deeper by far that ours, a world which surrounds and sustains the little world of men as sea and sky surround and sustain the ship. The shock of the real.« (Abbey: *Desert Solitaire*, S. 60) – »Der Schock des Realen.« (Abbey: *Die Einsamkeit der Wüste*, S. 57)

161 Thoreau: *Walden*, S. 70. – »Sei es Leben oder Tod, wir schmachten nur nach Wahrheit.« (Thoreau: *Walden oder Leben in den Wäldern*, S. 105)

162 Abbey: *Desert Solitaire*, S. 16. – »Wo ich meine Natureindrücke aufgeschrieben habe, habe ich mich vor allem um Genauigkeit bemüht, denn ich glaube, dass schon in der einfachen Tatsache eine Art Poesie, ja sogar eine Art Wahrheit liegt.« (Abbey: *Die Einsamkeit der Wüste*, S. 7 f.)

163 »To me the desert is stimulating, exciting, exacting; I feel no temptation to sleep or relax into occult dreams but rather an opposite effect which sharpens and heightens vision, touch, gearing, taste and smell. Each stone, each plant, each grain of sand exists in and for itself with

a clarity that is undimmed by any suggestion of a different realm. [...] Noon is the crucial hour: the desert reveals itself nakedly and cruelly«. (Abbey: *Desert Solitaire*, S. 171) – »Die Wüste enthüllt sich in ihrer ganzen Nacktheit und Grausamkeit, ohne jede über ihre bloße Existenz hinausgehende Bedeutung.« (Abbey: *Die Einsamkeit der Wüste*, S. 175)

164 Ebd., S. 238. – »Was bedeutet das? Es bedeutet nichts.« (Abbey: *Die Einsamkeit der Wüste*, S. 244)

165 Ebd., S. 202. –

»›Newcomb, sag mir um Gotteswillen,
wo kommen wir her?‹
›Wer weiß.‹
›Wo gehen wir hin?‹
›Wen schert's.‹
›Wen?‹
›Wen.‹
Die Worte versagen.«
(Abbey: Die *Einsamkeit der Wüste*, S. 206 f.)

166 »There is something about the desert that the human sensibility cannot assimilate, or has not so far been able to assimilate.« (Abbey: *Desert Solitaire*, S. 291)

167 Ebd., S. 245. – »Langsam glitt ich in mondsüchtigen Wahnsinn ab und verlor bis zu einem gewissen Grad die Kraft, zwischen mir und dem, was mich umgab, zu unterscheiden: Betrachtete ich meine Hand, sah ich ein an einem Zweig

zitterndes Blatt.« (Abbey: *Die Einsamkeit der Wüste*, S. 252)

168 Ebd., S. 251. – »Es war eine der glücklichsten Nächte meines Lebens.« (Abbey: *Die Einsamkeit der Wüste*, S. 258)

169 »The finest quality of this stone, these plants and animals, this desert landscape is the indifference manifest to our presence, our absence, our coming, our staying or our going.« (Abbey: *Desert Solitaire*, S. 319) – »Wieder so ein Ausdruck menschlicher Eitelkeit.« (Abbey: *Die Einsamkeit der Wüste*, S. 331)

170 Ebd., S. 262. – »An den Ort gefesselt wie ein Stein [...] sehe auf den Flügeln der Vorstellungskraft auf mich herab durch die Augen des Vogels, die eine kleiner werdende menschliche Gestalt beobachten [...] jenseits der Erde das Weltall mit Sonne und Sternen, dessen Grenzen für uns unerkundbar sind.« (Abbey: *Die Einsamkeit der Wüste*, S. 271)

171 Ebd., S. 317. – »Wenn ich ernst sein soll, und das bin ich, dann hat die Wüste mich verrückt werden lassen.« (Abbey: *Die Einsamkeit der Wüste*, S. 329)

172 Ebd., S. 97. – »Schon die Namen sind reizvoll – Chalzedon, Karneol, Jaspis, Chrysopras und Achat. Onyx und Sandonyx. Kryptokristalliner Quarz. Quarzit. Flintstein, Hornstein und Sarder. Chrysoberyll, Spodumen, Granat, Zirkon und Malachit. Obsidian, Türkis, Kalzit, Feld-

spat, Hornblende, Pyrop, Turmalin, Porphyr, Arkose, Rutil […].« (Abbey: *Die Einsamkeit der Wüste*, S. 86)

173 Ebd., S. 97.

174 Wilhelm Lehmann: *Bukolisches Tagebuch aus den Jahren 1927–1932*, in: ders.: *Bukolisches Tagebuch und weitere Schriften zur Natur*, Berlin 2017, S. 152.

175 Ebd., S. 43.

176 Ebd., S. 152.

177 Marion Poschmann: »Kunst der Unterscheidung. Poetische Taxonomie«, in: dies.: *Mondbetrachtung in mondloser Nacht. Über Dichtung*, Frankfurt a. M. 2016, S. 113–132, hier: S. 123.

178 Ebd., S. 123.

179 Ebd., S. 128.

180 Ebd., S. 132.

181 Ebd., S. 131.

182 Poschmann: *Die Kieferninseln*, S. 22.

183 Ebd., S. 24.

184 Ebd., S. 48.

185 Ebd., S. 35.

186 Ebd., S. 47 f.

187 Vgl. den titelgebenden Text in Marion Poschmann: *Mondbetrachtung in mondloser Nacht. Über Dichtung*, Frankfurt a. M. 2016.

188 Ebd., S. 36 u. 147.

189 Ebd., S. 36.

190 Ebd., S. 70.

191 Ebd., S. 17, zur Dichtung als (Kopf-)Kissen noch einmal S. 144.

192 Ebd., S. 92.

193 Ebd., S. 114.

194 Ebd., S. 118.

195 Ebd., S. 61.

196 Ebd., S. 131.

197 Ebd., S. 46.

198 Ebd., S. 55.

199 Ebd., S. 57.

200 Ebd., S. 63.

201 Ebd., S. 64.

202 Ebd., S. 72.

203 Jonathan Franzen: »Farther Away« [2011], in: ders.: *Farther Away*, London 2012, S. 15–52, hier: S. 29. – »Dann stürze ich mich in eine kurze Konsumorgie bei REI, wo die Crusoe'sche Robinsonade in den Gängen voll ultraleichter Überlebensausrüstung und, vielleicht gerade, [...] aus rostfreiem Stahl mit abnehmbarem Stiel überdauerte.« (Jonathan Franzen: *Weiter weg*, übers. v. Bettina Abarbanell, Wieland Freund, Dirk van Gunsteren u. Eike Schönefeld, in: ders.: *Weiter weg. Essays*, Reinbek bei Hamburg 2012, S. 26)

204 Ebd., S. 25. – »Das *refugio* ließ mein ohnehin schon irgendwie artifizielles Projekt einsamer Selbstgenügsamkeit noch artifizieller erscheinen, und ich beschloss, so zu tun, als wäre es nicht da.« (Franzen: *Weiter weg*, S. 35)

205 Ebd., S. 21 f. – »Offensichtlich musste ich, um mir der Leere des Lebens und des Grauens der Existenz bewusst zu werden, nur für ein paar Stunden der menschlichen Gesellschaft beraubt werden.« (Franzen: *Weiter weg*, S. 30)

206 Ebd., S. 23. – »Was mir gefehlt hatte, war ein halbwegs sicheres Gefühl für meine eigene Identität gewesen, ein Gefühl, in der Einsamkeit entdeckt, weil ich Worte in der ersten Person Singular zu Papier gebracht hatte.« (Franzen: *Weiter weg*, S. 32)

207 Ebd., S. 27. – »Doch als ich in Erwägung zog, bekenntnishaft zu schreiben, in einer ›Ich‹-Stimme, stellte ich fest, dass ich mir meiner selbst dafür zu bewusst war.« (Franzen: *Weiter weg*, S. 37)

208 Ebd., S. 18. – »*Robinson Crusoe* war das großartige frühe Zeugnis eines radikalen Individualismus, […] zur kulturell vorherrschenden Form.« (Franzen: *Weiter weg*, S. 25)

209 Ebd., S. 18. – »Je öfter man Ablenkung sucht, desto weniger effektiv ist jede einzelne, und so musste ich die diversen Dosen erhöhen, bis ich, eh ich mich's versah alle zehn Minuten meine E-Mails checkte […] und ich es im Computer-Solitaire zu solcher Meisterschaft gebracht hatte, […] auf den Wellen von Glück und Pech zu surfen.« (Franzen: *Weiter weg*, S. 26)

210 Ebd., S. 52. – »Solange wir solche Komplikationen haben – wie können wir es wagen, gelangweilt zu sein?« (Franzen: *Weiter weg*, S. 70)

211 Ebd., S. 25. – »Tatsächlich war, als ich nach Chile aufbrach, das Beobachten neuer Vogelarten die einzige Beschäftigung, die mich zuverlässig nicht langweilte.« (Franzen: *Weiter weg*, S. 34)

212 Ebd., S. 27. – »Wenn ich losziehe, um neue Vogelarten zu beobachten, suche ich nach einer zumeist verlorenen Authentizität, nach den Überbleibseln einer Welt, die jetzt großteils von Menschen überlaufen ist, uns aber noch immer wunderbar gleichgültig gegenübersteht; einen seltenen Vogel zu erspähen, der irgendwie an seinem Leben aus Brüten und Füttern festhält, ist eine dauerhaft transzendente Freude.« (Franzen: *Weiter weg*, S. 38)

213 Jonathan Franzen: »Why Birds Matter«, in: ders.: *The End of the End of the Earth*, London 2018, S. 35–40, hier: S. 40. – »Wenn sie dort in dem Baum herumturnen und friedlich Früchte fressen, überrascht man sich selbst womöglich mit einem kleinen Aufschrei der seltensten aller Emotionen: reiner Freude«. (Jonathan Franzen: »Warum Vögel wichtig sind«, in: ders.: *Das Ende vom Ende der Welt*, übers. v. Bettina Abarbanell u. Wieland Freund. Hamburg bei Reinbek 2019, S. 51)

214 Ebd., S. 40. – »Die radikale Andersartigkeit von Vögeln macht einen wesentlichen Teil ihrer Schönheit und ihres Wertes aus. Sie sind immer unter uns, doch gehören uns nie.« (Franzen: *Warum Vögel wichtig sind*, S. 51 f.)

Die Abbildung auf Seite 93 © Wikimedia Commons: https://commons.wikimedia.org/w/index.php?search=Adalbert+Stifter+Obelisk&title=Special:MediaSearch&go=Go&type=image.

Die Abbildungen auf den Seiten 94–96 © Cornelia Zumbusch.

Erste Auflage Berlin 2022

MSB Matthes & Seitz Berlin
Verlagsgesellschaft mbH
Göhrener Str. 7 | 10437 Berlin
info@matthes-seitz-berlin.de

Satz: Monika Grucza-Nápoles, Berlin
Druck und Bindung: Art-Druk, Szczecin
Umschlaggestaltung nach einer Idee
von Pierre Faucheux
ISBN 978-3-7518-0560-5
www.matthes-seitz-berlin.de

Birgit Recki

Natur und Technik. Eine Komplikation

Herausgegeben von Frank Fehrenbach
95 Seiten, Klappenbroschur

In der Technik kulminiert die Frage nach der Differenz von Natur und Kultur. Zwei mächtige Denkmodelle suchen sie zu beantworten: Prometheus brachte dem Mängelwesen Mensch das Feuer, mit dem er Freiheit gegenüber einer stiefmütterlichen Natur gewann. Rousseau setzte dem entgegen, dass erst Kultur und Technik den Menschen auf die abschüssige Bahn einer zunehmenden Naturferne brachten. Wie ließe sich heute Technik als Teil einer dynamischen Natur verstehen, die den Menschen umfasst? Ausgehend von Immanuel Kant zeigt Birgit Recki, wie eine spekulative Naturphilosophie aussehen könnte, bei der die Natur als rationale Instanz die Freiheit des Homo Faber hervorbringt. Ihr Plädoyer für eine Technik, die sich als Kunst versteht, zielt auf die Überwindung der ontologischen Dualität zwischen Natur und Kultur.

Lorraine Daston
Gegen die Natur

Herausgegeben von Frank Fehrenbach
Aus dem Englischen von Dora Fischer-Barnicol
107 Seiten, Klappenbroschur

Der Verweis auf natürliche Ordnungen ist eine Konstante in menschlichen Normsetzungen. Scheinbare Verletzungen des »Natürlichen« durch menschliche und nichtmenschliche Akteure rufen starke emotionale Reaktionen hervor: Staunen, Furcht oder Schrecken. Doch wie kann Natur zum Vorbild menschlicher Normierungen werden? Verbirgt sich dahinter nicht einfach ein naturalistischer Fehlschluss? Lorraine Daston zeigt, dass die Naturalisierung von Ordnung tief mit dem Bedürfnis des Menschen nach Repräsentation verbunden ist. Natur erscheint als Modell menschlicher Normierungen nicht nur deshalb unvermeidlich, weil die Ordnungen der Natur stets in der Erfahrung präsent sind. Natur eignet sich in ihrer unendlichen Vielfalt auch als Vorbild aller denkbaren kulturellen Normen.